New Life

16

New Life

16

New Life

16

New Life
16

暗示自我的力量

The Practice of Autosuggestion by the Method of Émile Coué

作者／賽勒斯．哈利．布魯克斯（Cyrus Harry Brooks）
譯／謝汝萱

New Life 16

暗示自我的力量

輕鬆駕馭你不受控的小心思，斷絕惡習、清理疾病、完成所有你在乎的事！

原著書名 The Practice of Autosuggestion by the Method of Émile Coué
作　　者 賽勒斯・哈利・布魯克斯（Cyrus Harry Brooks）
譯　　者 謝汝萱
特約美編 李緹瀅
特約編輯 黃琦
主　　編 高煜婷
總 編 輯 林許文二

出　　版 柿子文化事業有限公司
地　　址 11677臺北市羅斯福路五段158號2樓
業務專線 （02）89314903#15
讀者專線 （02）89314903#9
傳　　真 （02）29319207
郵撥帳號 19822651柿子文化事業有限公司
投稿信箱 editor@persimmonbooks.com.tw
服務信箱 service@persimmonbooks.com.tw

業務行政 鄭淑娟、陳顯中

初版一刷 2019年04月
　　二刷 2019年04月
定　　價 新臺幣300元
I S B N 978-986-97006-7-2

歡迎走進柿子文化網 http://www.persimmonbooks.com.tw

粉絲團搜尋 柿子出版

～柿子在秋天火紅 文化在書中成熟～

國家圖書館出版品預行編目(CIP)資料

暗示自我的力量：輕鬆駕馭你不受控的小心思，斷絕惡習、清理疾病、完成所有你在乎的事！ / 賽勒斯.哈利.布魯克斯（Cyrus Harry Brooks）著；謝汝萱譯. -- 初版. -- 臺北市：柿子文化, 2019.04
面；　公分. --（New Life；16）
譯自：The Practice of Autosuggestion by the Method of Émile Coué
ISBN 978-986-97006-7-2（平裝）
1.暗示

175.8　　108001183

佳評如潮

本書推薦

身為家庭醫學科醫師及身心靈整體治療醫師，經由多年的臨床經驗，我深知身體俱足自我療癒力，只要啟動自我療癒力，每一種疾病都可以回復健康。

本書中介紹的「庫埃治療法」，也就是自我暗示治療法，是啟動自我療癒力的良方。「庫埃治療法」創自愛彌爾．庫埃（Émile Coué），庫埃是使用自我暗示治療法的專家，他曾以自我暗示治療法療癒了無數病患，其中包括神經衰弱、氣喘及消化不良等西醫難以完全治癒的個案。自我暗示治療法之所以能有如此神奇的療效，是因為人體的細胞都有靈性，能接受自我暗示，當身體生病時，若能告訴身體，身體是健康的，疾病一定能痊癒，細胞接受暗示後，即可療癒疾病，回復健康。而若是在自我暗示時挹注強烈的情感，療癒的效果將會更好。

閱讀這本書時，我感受到一股強大的療癒能量，我相信只要跟隨作者的引導，每個人都可以學會並進行自我暗示，而若能在日常生活中常常以作者所說的語句自我暗示，能量必將越來越輕盈，身體也將越來越健康。

——王怡仁，高雄榮民之家家庭醫學科醫師、《不藥而癒》作者

拿到這本書，嚇了一跳，這是剛學催眠時學的，也是學催眠的人必需品啊！本書已出版近一百年，卻是最簡單、最有效的。透過有意識的自我暗示，在無意識裡播下好種子，未來會帶來相對的好效果——本書所介紹的庫埃自我暗示法，我個人給讀者的建議是：值得你擁有，隨時翻一翻，照著做。放輕鬆，一點也不費工夫。

本書的核心重點主要有二：一、當一個念頭占據全部心思時，會化為實際的身心狀態。二、運用意志力來克服念頭，只會刺激它變得更強大。庫埃醫生常向病人們解釋自己並無治癒能力，這輩子也從未治癒過任何人，人們體內帶有讓自己幸福的工具，等著你去發掘。有狀況時，請平靜的閉上眼睛，用平靜的聲音想像自己身心健康的情況，進入昏昏欲睡的狀態，讓心裡看見所喚起的生動圖像。試試看！

「每一天，每一天，我在各方面都會更好、更棒、更進步。」讓自己和你的全身系統都順從無意識，整個自我暗示的過程包含兩個步驟：一是接納念頭，二是將念頭轉化為現實。這兩個過程都由無意識操作，庫埃自我暗示法引導我們透過有意識的自我暗示而使無意識接納美好念頭，當中的重要關鍵是「我們必須先有快樂」。這點我最近在教課時才有深刻體會，但庫埃醫師在百年多前就提出來了！快樂不僅是生活條件下的結果，也是這些條件的創造者。我們必須先有快樂，只有當心裡平衡、有秩序，洋溢著甜美喜悅的思維之光，才能將效用發揮到極致。

——蔡明庭，臺灣NLP高階執行師、訓練師

向庫埃致敬

我非常尊敬庫埃先生……他是心理暗示法的宣導者，也是安慰劑效應的發現者。數以萬計的人因他的暗示法而改變了人生。

——西格蒙德・佛洛伊德（Sigmund Freud），心理學大師、精神分析學派創始人

雖然在這個複雜的年代，很多人會嘲笑艾彌爾．庫埃，但我從不笑他。他因為一句名言而廣為人知——雖然這句話在今天就像是笑話裡的笑點，總會引起一陣笑聲。「每一天，每一天，我在各方面都會更好、更進步！」這句話已療癒了千千萬萬人們極為危急嚴重的疾病。他們可沒開玩笑！我尊敬他們，並且以敬畏和感激之心敬重著庫埃醫師……

——荷西．西瓦（José Silva），西瓦心靈圓夢課程、ESP超感應力系統創始人

查理斯．哈尼爾先生和奧里森．馬登先生的成功學直接啟發了我對致富之路的思考，讓我擺脫了靠體力餬口的苦難日子，走向自己的成功人生。戴爾．卡耐基的成功學訓練課程則讓很多人實現了人生的突破，然而，我不禁思考：「這些成功背後是否有一個更高的法則？」直到我遇上了愛彌爾．庫埃先生，才找到了答案：心理暗示與自我暗示的連鎖反應。庫埃先生的偉大之處在於，他把所有成功背後的心理學因素，以十分簡單易懂的語言解釋得一清二楚。所以，無論你是什麼人，來自什

麼國家和派別，有什麼樣的信仰，庫埃先生的書都能讓你明白一個法則：所有成功的背後，都有堅實的心理學做後盾。

——拿破崙．希爾（Napoleon Hill），成功學大師、勵志書作家

告訴你一個祕密，我的許多觀點都來自令人尊敬的庫埃先生，是他首次披露了一切人生財富的心理根源。我非常喜歡他那句簡單而富有哲理的話，那就是「每一天，每一天，我在各方面都會更好、更棒、更進步」。

——羅曼．文森．皮爾（Norman Vincent Peale），《向上思考的祕密》作者

庫埃博士教會數百萬人相信他們能成為自己想成為的人，並幫助他們改變自己的身心、過積極健康的生活。在這方面，他或許超過了我們這個時代的許多人——他無愧於「心理暗示之父」這個偉大的稱號。

——羅伯特．哈洛德．舒勒（Robert Harold Schuller），公眾演說家、勵志大師

除了在人裡頭的靈，誰知道人的事？

——《哥多林前書》第二章11節——

獻給所有與自身的不完美起衝突的人……

引言

這本小書取材自布魯克斯先生一九二一年夏天的某次來訪。我想他是第一位為了研究我的「有意識的自我暗示」療法而專程來到南錫（Nancy）的英國人。在連續幾週每天造訪的過程中，他參與我的會診，與我私下談話，因而對療法瞭若指掌，我們也反覆討論不少理論基礎。

以下的篇幅是這段研究的結果。布魯克斯先生巧妙掌握了基本原則，用在我看來簡單明瞭的方式娓娓道來。他所給予的指示十分詳實，**任何想採用自我暗示的人都能親自施行，不須尋求他人協助。**

跟著病人就能找到療方，跟著健康的人就能預防未來的疾病，這是人人都應該遵循的方法。採用這種療法，我們就能保證自己身心健康，終其一生處於絕佳狀態。

愛彌爾・庫埃，寫於南錫

第三版序言

今日的專家意見多半已承認，庫埃先生的療法是一種健全而可貴的療法，能引出自我暗示的自然功能。

他的學說中唯一深受挑戰的地方是有關想像力與意志的關聯，但即使是這點，受爭議的也不是事實，而只是表達事實的術語。

為了向這些批評致意，特別是威廉．布朗博士（Dr. William Brown），我在第二版中用「思維」（thought）這個詞來取代「想像」（imagination），這一版則刪去第五章某些有爭議疑慮的描述，並試圖指出庫埃先生使用「意志」（will）這個詞的正當性。在這之外，我也對某些反對移除痛苦的觀點提出短評。以上這些，便是新版唯一具體的更動。

自我暗示與基督教思維及行動的關係，向來是人們反覆探詢的主題。因此我和友人恩特斯．查爾斯牧師（Rev. Ernest Charles）另外合著了《基督教與自我暗示》

（*Christianity and Autosuggestion*）予以討論，並交由艾倫與烏溫有限公司（Messrs. George Allen and Unwin Ltd.）發行。

最後務必要欣喜地表達感謝的對象，只剩下親切至極地接納這本小書的讀者了。我也信心十足地期望，庫埃先生的療法對他們來說永遠是增進健康與自信的來源。

賽勒斯・哈利・布魯克斯，一九二三年三月二日愛彌爾．庫埃的發現，對促進個人生活的幸福與效率來得正是時候，所以對此有所認識的任何人，**都有義務傳達給親友知道**。

個性與性情的扭曲與缺陷，剝奪了許多男男女女真正的人生價值，不過，這些意志力所無法克服的障礙，都會迅速臣服於自我暗示的影響。

不幸的是，在英國，我們至今仍只能透過夏爾．波都因（Charles Baudouin）略為繁瑣而專業的著作或庫埃先生自印而未公開販售的小冊子1來認識這種療法。以下的篇幅為的就是填補這種空缺，用非技術性的文字**為外行人呈現資訊**，讓他能親自施行自我暗示。

如果讀者希望進一步了解自我暗示的理論基礎，我建議讀讀波都因教授的精采著作《暗示與自我暗示》（*Suggestion and Autosuggestion*）。雖然本書與波都因教授的見解偶有相左，但他的著作無疑仍是這個主題的權威陳述。要充分掌握自我暗示的概念範圍，確實非讀波都因教授的書不可，我自己寫這本小書時，也受惠於其著作良多。

我也要向庫埃先生本人無盡的親切致謝。在曾接觸他的每一個人心目中，他是耐心的化身。莫爾文林克（Malvern Link）的恩斯特・查爾斯牧師也令我獲益斐淺，雖然他表明不願為本書的某些見解背書，卻提出了諸多極寶貴的建議。

賽勒斯・哈利・布魯克斯，寫於莫爾文林克，一九二二年二月二十日

1 寫完這些訊息後，我很高興聽到英國的艾倫與烏溫有限公司已經出版了庫埃先生發人深省的小冊子《暗示療法的奇蹟》（繁體中文版為柿子文化出版）。

Part 1
在南錫執業的庫埃
Coué's Nancy Practice

· Chapter 1 ·

愛彌爾·庫埃的診所

帶來改變的起點

自我暗示力量的盡頭在哪，我們還不知道；但最終的康復依然是可能的。庫埃會向病人們解釋自己並無治癒能力，這輩子也從未治癒過任何人。他們體內就帶有讓自己幸福的工具，他只是代表他們，將健康的念頭帶進他們腦海裡。

愛彌爾．庫埃的診所是運用「誘導性自我暗示」2來治療疾病的場所，位於南錫聖女貞德路安靜的那一端，就在他怡人的自家花園裡。一九二一年夏天，我到這裡來拜訪他，並有幸首次目睹他會診的情形。

2 庫埃所用的「有意識的自我暗示」（conscious autosuggestion）這個詞容易引起誤會。自我暗示不是意識的能力，而是無意識的能力。這裡用「誘導性自我暗示」（induced autosuggestion）這個詞來指主體出於有意識的選擇而做的自我暗示。

快到九點時，我們從他的屋子進入花園，花園一角有一棟兩層樓磚房，敞開著窗迎接空氣與陽光——教人難以相信，這裡可是診所呢！幾步之外，一棟較小的平房則是候診室。

在結實纍纍的李樹與櫻桃樹下，病人三五成群坐在花園椅子上和善地聊天，享受早晨的陽光，其他人則三三兩兩逛入花叢與草莓圃。

診療專用室已經擠滿了人，不過躍躍欲試的新訪客還是不停從門口湧進來。他們圍住一樓所有的窗臺，門口也密密麻麻站著一群人。診療室裡，病人們先是占據牆邊的座位，接著人潮湧向地板，坐在折凳和折疊椅上。庫埃好不容易找了一個位子給我，然後診療就開始了。

你的心理是否過度憂慮？

第一位和他談話的病人是一個虛弱的中年男子，女兒陪著他，他們才剛從巴黎來這裡看診。那名男子有嚴重的緊張毛病，走路有困難，頭、手臂和腿都抖個不停。

他解釋說，如果他走在路上碰見陌生人，想到對方可能會提到他身體虛弱，他就嚇得兩腿發軟，必須扶著手邊的東西才不會摔倒。

庫埃請他站起來走幾步路，他拄著拐杖，走得很慢，膝蓋也伸不直，重重地拖著腳走路。

庫埃鼓勵他說狀況一定會改善。「你在自己的無意識裡播下了壞種子，現在開始你要播下好種子。你製造這些壞效果的力量，未來也會帶來相對的好效果。」

下一位病人是做手工的女性，容易興奮而且過勞。庫埃問她毛病出在哪兒，她飆出一大串抱怨，滔滔不絕地詳述每個症狀。「女士，」他打斷她，「你對自己的病痛太多心了，越想問題就越多。」

隨後是一個患頭痛的女孩、雙眼紅腫的年輕人，還有因為靜脈曲張做不

你在自己的無意識裡播下了壞種子，
現在開始你要**播下好種子**。

了事的農場工人。庫埃告訴每個患者，自我暗示能完全紓解他們的病痛。隨後來了一個生意人，他抱怨自己緊張、缺乏自信，老是提心吊膽。

「只要用對方法，」庫埃說，「你就不會讓自己存著這些念頭了。」

「我為了擺脫問題，什麼辦法都試過。」病人回答。

「你把自己累壞了。你越是努力，那些念頭就越是揮之不去。你能很簡單、很輕易地改變這一切，最重要的是，一點也不費工夫。」

「我想要改變！」男子插嘴說。

「這麼說就錯了，」庫埃告訴他，「如果你說『我想要這麼做』，你的想像力會回答你：『噢，可是你做不到。』你必須說：『我就是要這麼做。』如果事情落在可能的那一邊，你就會成功了。」

不要說：「我想要這麼做。」

你必須說：「我就是要這麼做！」

兩、三個病人之後，來了一個神經衰弱的病患——這回是個女孩。這是

不要說：「我想要這麼做。」
你必須說：**「我就是要這麼做！」**

她第三次來到診所，在家裡練習暗示療法已經有十天。她臉上掛著快樂的微笑，帶著一點情有可原的傲氣，她宣稱自己大有進展。她的精力改善了，開始能享受生活，能夠吃得盡興，睡得也很好。她的真誠與天真的欣喜加強了其他患者的信念。他們看到這個療法的真人實證，下一個就輪到他們了。

庫埃繼續看診。不管是因為風濕還是某些麻痺症而手腳不靈活的人，都被喚進診間來極力伸展手腳，當成未來進展的對照基準。

除了那名巴黎訪客之外，現場還有一男一女也無法自力行走，另一名魁梧的男子過去是鐵匠，但現在務農，原因是近十年來他都沒辦法把右手舉到肩膀以上。

運用想像力自我暗示

庫埃對每個人都做出完全康復的預測。在治療的最初階段，他所說的話還不算帶有暗示性，而是依據多年經驗所審慎表達的意見。他沒有一次否定治癒的可能性，但對幾個器官疾病較嚴重的病患，他會承認無法治癒。然而，他還是會向這些人保證能終結疼痛、提振他們的精神，至少能阻止病情惡化。「在這同時，」他又說，「自我暗示力量的盡頭在哪裡，我們還不知道；但最終的康復依然可能。」對於所有功能性與神經性的失調，還有較不嚴重的器官問題，他表示密切進行自我暗示有辦法完全驅除病灶。

庫埃大約花四十分鐘完成會診。其他病患都親身見證了這個療法所帶給他們的益處。

一位女子胸部腫痛，她先前的醫師診斷有癌症的可能（庫埃認為是誤診），但來這裡接受治療還不到三週，她的症狀就完全解除了。另一位女性的貧血症狀也獲得改善，體重也增加超過四公斤。一名男子的靜脈曲張痊癒了，另一個人才來看一次診，就擺脫了一輩子的結巴習慣。

只有一位來過的病患沒有進展。「先生，」庫埃告訴他說，「你付出了努力。你必須信任你的想像力，不是意志力。只要想像自己變好了，你就會變好。」

接著，庫埃勾勒出以下篇幅的理論，但在這裡只要陳述他的主要結論就夠了，也就是：

◉ **一個念頭占據全部心思時，會化為實際的身心狀態。**

◉ **運用意志力來克服念頭，只會刺激它變得更強大。**

為了展現這些真相，他請一位似乎弱不禁風的年輕女病人做一個小實驗。他請她把手臂向前伸，兩手緊握，手指交纏，接著增加力道直到有點顫抖為止。「看著妳的手，」庫埃說，「並想像自己想打開手卻做不到。現在，試著把手打開，加把勁。妳會發現妳越是嘗試，手指就纏得越緊。」

女孩的手腕稍微扭了幾下，認真使出最大的力氣要打開手，但是她越是用力，手就握得越緊，指關節都因為用力而發白了！她的手似乎因為一股無法掌控的力量而絞在一起。「現在，請換成去想——」庫埃說，「我可以打開手了。」

她的手慢慢放鬆下來，接著一拉，交纏的手指就分開了。眾人的注目讓她不好意思地微笑，然後她回到座位。

庫埃指出，這個小實驗同時顯現出其理論的兩大要點：當病人的心思被「我做不到」的念頭占滿時，她怎樣也無法把手打開。再來，她為了打開手而以意志使力，只會讓手指纏得更緊。

接著，病人們被輪流請入診間，進行同樣的實驗。**其中，富有想像力的人——特別是女性——馬上就能成功。**一位年長的女士甚至因為太過專注於「我做不到」的念頭，而沒有留意到請她改成去想「我做得到」的要求。她坐著盯住自己交纏的手指，臉令人同情地皺成一團，彷彿在思考攸關命運的大事。

「你瞧，」庫埃說，「如果這位夫人堅持這樣下去，她這輩子就再也無法打開手了。」

然而，有幾位男性卻無法馬上做到。當他請過去是鐵匠、現在卻舉不起手臂的男子去想像「我想打開手卻辦不到」時，他不費吹灰之力就打開了。

「你看，」庫埃微笑說，「事情不是要看我怎麼說，而是看你怎麼想。你當時是怎麼想的？」

他支吾道：「我想，到頭來我可能還是要打開。」

「沒錯，所以你就打開了。現在手再交握一次，握緊一些。」

達到正確的壓力點時，庫埃請他反覆說：「我做不到，我做不到……」

他邊重複，雙手也纏得更緊，再怎麼用力也分不開。

「你瞧，」庫埃說，「現在聽好了。過去十年來你都以為自己無法把手臂舉到肩膀以上，所以才一直做不到，因為只要我們這麼想，事情就會依樣成真。現在請你去想：『我舉得起來。』」病人狐疑地望著他。

「快一點！」庫埃用發號施令的語氣這樣說，「去想『我做得到，我做得到！』」

「我做得到。」男子說。他漫不經心地舉起手臂，並抱怨肩膀發痛。

「很好，」庫埃說，「別放下手臂。請閉上眼睛，並盡快重複我說的話：『過去了，都過去了。』（Ça passe, ça passe.）」

接下來半分鐘，他們一同反覆說這句話，速度快到生出像機器高速旋轉般的嗡嗡聲，同時庫埃也快速地撫摸男子的肩膀。半分鐘後，病人承認痛苦消失了。

「現在請好好去想，你能夠舉起手臂了。」庫埃說。

痛苦的遠離給予了病人信心。本來他一臉困惑，半信半疑，但想到那股力量，他的臉色發亮，「我做得到。」他用不由分說的語氣說著，接著便毫不費力地靜靜舉起手臂，直到完全高過頭頂。他勝利地舉著手一會兒，所有旁人都鼓起掌來鼓勵他。

要想——

「我做得到，我做得到！」

庫埃伸手握住他的那一隻手。

「我的朋友，你痊癒了。」

「太好了，」男子回道，「我相信你說對了。」

「證明看看，」庫埃說，「請你打我的肩膀。」

病人笑了，並輕輕拍了他的肩膀一下。

「重一點，」庫埃鼓勵他，「打重一點，越重越好。」

他開始規律地舉起手臂拍打又放下，一下比一下重，最後庫埃不得已才請他停手。

「好了，我的朋友，你可以重回鐵砧旁打鐵了。」

男子回到座位上，還愣愣地弄不清楚到底是怎麼一回事。彷彿為了讓自己安心似的，偶爾他會舉起手臂，用充滿敬畏的語氣低聲對自己說：「我做得到，我做得到。」

不久，一名女子坐到庫埃面前，抱怨自己神經痛得厲害。在反覆念「過去了」這句話的影響下，不到三十秒疼痛就被驅散了。隨後是那位巴黎來的客人。眼前的一切令他充滿信心；他坐直身子，臉頰帶有一抹紅暈，抖得也不那麼厲害了。

他一下子就成功完成了實驗。

「現在，」庫埃說，「你已成為耕地，我可以用手撒下種子了。」

他要那個受苦的人先打直背脊和膝蓋站挺，然後請他一面不斷想「我做得到」，一面把全身的重量輪流放在兩隻腳上，慢慢進行名為「原地踏步」的練習。

隨後，他們移開椅子，請男子拿開拐杖，在清空的地方來回地走。他的步伐變得凌亂時，庫埃就請他停住，指出他的錯誤，並請他一面更正，一面重新去想「我做得到」。

逐步的改善激起了男子的想像力。他對自己有把握了起來，舉止變得越來越有自信，步伐也越來越輕快。

他的小女兒滿臉微笑，忘我地高興起來，站在他身邊表達她的欣喜、欽佩與鼓勵。所有人都笑顏逐開地鼓掌。

「坐了這麼久，」庫埃說，「你應該到我的花園裡跑一跑了。」

庫埃於是繼續他的看診工作。

每一位病人的病痛都獲得部分緩解，甚至全部消失；手腳失靈的人也或多或少回復了一些功能。

庫埃的姿態始終是不怒而威，不拘禮節，也不擺優越架子；不論貧富，他對每個人都和顏悅色地表示關心。不過，在這些前提之下，他也會依病人的性情變換語氣，有時堅定，有時帶著幾分揶揄，只要有打趣的機會，他絕對不放過——幾乎可以說他是很有技巧地逗弄某些病人，讓他們認為自己的毛病來得荒謬，有點不值得，生這些小病實在是離奇而該自責的過失，應該盡快擺脫。

否認疾病的威嚴性，確實是這間診所的一個特點。沒有人把疾病當成暴君般必恭必敬，而是略加嘲弄，疾病的可怖顯得有些乏善可陳，到頭來連受害者也嘲笑它。

要相信未來一天好過一天

庫埃接著談到如何形成特定暗示。他請病患們閉上眼睛，用低沉單調的聲音召喚他們想像自己所尋求的那種身心健康的狀態。他們聽他說話時，防備心也逐漸放低，進入昏昏欲睡的狀態，心裡只看見他所喚起的生動圖像。樹葉窸窣、蟲鳴鳥叫、花園裡候診的人聲，都融合為一片怡人的背景音，襯托著庫埃的話語力道。他所說的話如下：

「請告訴自己，接下來我要說的話會固著、銘印並刻劃在你的心裡；它們會一直固著、銘印並刻劃在那裡，不受你的意志控制，你不知曉它們的存在，也無法以任何方式覺察發生什麼事，你自己和你的全身系統都會順從它們。我要先告訴你，每一天，你會在早上、中午和晚上的三次用餐時間變得飢餓，也就是說，你會產生一股愉悅的感受，令你想到並說：『我真想吃點東西！』然後你會大快朵頤，享受美食，但絕對不會吃過量。你會適量地吃，不多也不少，飽的時候你會本能地知道。你會充分咀嚼，將食物嚼成糊狀才吞下。在這些情況下，你會好好消化，感覺不到任何腸胃不適。你會完整吸收養分，身體會發揮食物最大的效用來製造血液、肌肉、力氣、能量，簡單地說就是——活力。

「既然你適切消化了食物，排泄功能也會正常運作。每天早上一起床你就會排泄，不需要借助任何種類的通便劑或人工協助。

「每天晚上你會在自己期望的時間沉入夢鄉，直到隔天早上你所期望的時間才起床。你的睡眠會安穩、平和而深沉，不受惡夢或令人不適的身體狀況干擾。你可能會做夢，但你的夢是美夢，醒來時你會感覺美好、愉快、機靈，對當天的工作躍躍欲試。

「如果過去你很容易陷入沮喪、消沉與憂鬱，往後你將不再受這些問題所困擾。你不會再悶悶不樂、焦慮和沮喪，而是感覺歡愉而快樂。就算沒有特殊理由，你也會感覺快樂，就像過去沒有充分理由，你也感覺不快樂那樣。我告訴你，儘管有重大因素導致擔憂或沮喪，你也不會因此心情低落。

「如果你常常不耐煩或脾氣壞，你將不再有這種感覺，反而會始終耐著性子，脾氣控制得宜。面對以往老是激怒你的事，你將心平氣和，不為所動。

「如果有時心頭縈繞著邪惡與不健康的念頭、害怕或恐懼症，這些念頭會逐漸遠離你的腦海，像雲朵般消散。如同夢在醒來時消失，這些虛幻的形象也會消失。

「我還要補充的是，你所有的器官都會完美運作。你的心臟會正常跳動，血液循環會依其應該運作的方式運轉，肺臟也會良好運作。胃、腸、肝、膽管、腎與膀胱，全都會正確發揮功能。如果上面提到的任何一個器官目前有失調狀況，問題會一天比一天少，不用多久就會完全消失，器官會回復正常功能。

「再來，如果任何器官有結構性損傷，從今天起損傷也會逐漸修復，短時間內就會完全恢復正常。就算你對問題的存在渾然不覺，事情也會如此進行。

「我還必須說——這一點極為重要——如果過去你對自己缺乏信心，這種自我懷疑會逐漸消失。你會產生自信；我再說一次，你會產生自信。你的自信基礎是，你明白自己體內有一股強大的力量，讓你能達成理智所認可的任務。有了這股自信，只要合乎常理，你做得到一切你期望做到的事，還有一切分內的事。

你的自信基礎是，
你明白自己體內有一股強大的力量，
讓你能達成理智所認可的任務。

「有任何工作要進行時，你永遠會想像事情很簡單。『困難』、『不可能』、『我做不到』等字眼會從你的字典裡消失，被『這很簡單，我做得到』所取代。

「因此，就算這個工作對別人來說很困難，但你想成很簡單，於是對你來說就真的變簡單了。你會勝任自如，毫不費力地完成任務，沒有半點疲倦。」

每個人體內就有讓自己健康、幸福的工具

除了這些通用暗示，接著庫埃會加上針對他的病人身上的特殊病痛所給予的特定暗示。

病人輪流看診時，他會把手輕輕放在他們頭上，同時在他們腦海裡勾勒不久他們就能獲得的健康與活力。

「困難」、「不可能」、「我做不到」等字眼
會從你的字典裡消失。

因此，對一名腿部潰爛的女性，他會這麼說：「從今而後，妳的身體會盡一切必要的力量，令妳的腿完全恢復健康。傷口會很快癒合，肌肉組織會恢復彈性，皮膚會變得柔軟健康。要不了多久，妳的腿就會變得強健有力，未來也會永遠如此。」

於是，每一個特殊病例都會以幾句適切的語句來治療。結束的時候，他呼喚病人、請他們打開眼睛時，一陣輕微的嘆息會傳遍屋內，彷彿他們不願從美夢中醒來。

此時，庫埃會向病人們解釋自己並無治癒能力，這輩子也從未治癒過任何人。人們體內就帶有讓自己幸福的工具。人們所看見的結果，是來自其自身想法的實現。

庫埃表示自己只是代表病人們，將健康的念頭帶進他們腦海裡。從今以後，他們就能夠也必須擔任自身命運的嚮導。接著，庫埃請他們在其定義的條件下，重複以下的句子並連上自己的名字：「每一天，每一天，我在各

方面都會更好、更棒、更進步。（Day by day, in every way, I'm getting better and better.）」[3]

看診到此告一段落。病人們起身圍在庫埃身旁發問，表示感謝，並和他握手。有些人聲稱自己已經痊癒了，有些人說他們感覺好多了，其他人則有信心未來能康復。沮喪的重擔彷彿已經從他們的心頭落下，那些原本心情跌至谷底、一蹶不振的人，現在臉上散發著希望與樂觀的光彩走出診所。

不過，庫埃揮別這些執意跟隨的仰慕者，向三名無法行走的病患招手，領他們到花園一角，那裡的果樹樹蔭下有一條鋪石步道。他再度把精力與力量的念頭銘印在他們心裡，然後說服每個人不仰賴旁人扶助走過步道，接著更請他們跑步。他們躊躇不前，但他堅稱他們能夠也應該做得到，**只要相信自己的力量，想法就會化為行動**。

他們舉起腳時還怯生生的，但在庫埃不斷鼓勵下，他們抬起頭，腳離開地面，帶著更多自由與自信奔跑起來。從步道盡頭轉身回來時，他們的步履平穩，動作雖然不優雅，但年紀上了五十的人本來就很少是優雅的跑者。看見這三位拄著拐杖蹣跚走進診所的病患，現在竟能用一小時八公里的速度跑步，而且邊奔跑邊開心地大笑，真是令人驚奇的一幕。圍觀的病人們自動爆出歡呼聲，此時庫埃悄悄退開，回到屋內面對候診的下一輪病人。

3 庫埃的常用語句在這裡的英譯，有點不同於他在一九二一年十一月造訪英國時所普遍採用的語句，不過他認為上述的英譯版本最貼切。

• Chapter 2 •

最可靠的見證人

患者的感謝信

「你離開之前，就能在樓梯間跑上跑下，不會感覺身體有任何不便。」

在「我做得到」的暗示影響下，患者不費吹灰之力就成功了。

為了讓讀者更清楚誘導性自我暗示的結果，這裡我要再描述幾個我親眼見證的病例，隨後再附上庫埃幾位病人的信件，讓他們親自發聲。

在之後我所參與的某次上午門診，有一位女子苦於消化不良已有五年，最近變得更嚴重，連她僅能接受的乳膳也引起極度不適，所以她變得瘦弱不堪，無精打采，容易疲累，而且心情沮喪。頭幾次看診時，幾位病患回報的舒緩情形似乎勾起了她的想像力。她興致高昂地聽庫埃說話，活力十足地回答他的問題，對看診過程中偶然發生的趣事打從心底笑開。一天傍晚五點左右，這名女子要求見庫埃時，我湊巧也在現場。她帶著心滿意足的神情走進診間，回報說自己看完診後就去了鎮上的一間餐廳，點了一份午間套餐。從前菜到最後的黑咖啡，她認真地品嘗每一道菜，直到一點半才吃完，而且到此刻為止沒有感到一絲不適。

幾天後，這名女子回診說，她的消化不良似乎沒有復發的跡象，她的健康和精神都在改善，她認為自己已經痊癒了。

另一回，來了一位氣喘病人。

氣喘的發作讓他夜不成眠，也無法做任何需要使力的工作。他上樓的速度很慢，邊走邊感到痛苦無比。但因為雙手交纏的實驗非常成功，庫埃向他保證，症狀能立刻紓解。

「你離開之前，」他說，「就能在樓梯間跑上跑下，不會感覺身體有任何不便。」

看診結束時，在「我做得到」的暗示影響下，患者不費吹灰之力就成功了。當晚，他的症狀稍微復發，但他持續回診並在家練習自我暗示療法，不到兩週就完全根治了氣喘。

和我交談過的病人，還有一位脊椎側彎的年輕人。他已經看診並在家練習暗示療法四個月。醫生向他確認，他的脊椎已經逐漸回到正常位置。

還有一個二十二歲的女孩，自幼患有癲癇，而且每隔幾週就發作。從她六個月前首次來看診後，癲癇就中止了。

病患本身就是最佳見證人

不過，誘導性自我暗示最可靠的見證人，還是病人本身。以下摘錄庫埃所收到的幾封信件的內容：

「我六十三歲，受氣喘及所有併發症所苦已有三十餘年，夜裡有

七、八成的時間都坐在床上吸抗氣喘藥粉。我的氣喘幾乎天天發作，濕冷的季節更嚴重，我無法行走——連『走下坡』我也做不到。

「如今夜裡我睡得極香甜，藥粉都收進抽屜了。要走上二樓，我半點也不會猶豫。」

——D·（蒙德馬桑）一九二一年十二月十五日

「我有子宮脫垂的問題已經八年，運用您的自我暗示療法五個月後，現在已經完全康復了，真不知道要如何感激您！」

——S·（圖勒）[4]

「昨天我真的覺得好多了，我的意思是，高燒退了，所以我決定回去看醫師，從夏天起我就沒回診過。經過檢查，我的盲腸一切正常。另一方面，膀胱還是會痛，但也好些了。

「無論如何，我擔心得要命的手術，至今沒有帶來任何毛病。我相信我能完全治癒自己。」

——M．D．（米盧斯），一九二一年九月二十四日

「關於您的酗酒病患，我有很棒的消息要給您——她痊癒了，只要是願意聆聽的人，就會聽見她這麼說。昨天她告訴我，這是十四年來她第一次這麼久沒沾酒，令她大感訝異的是，她根本不必抗拒喝酒的欲望，那股需要已經煙消雲散了。此外，她的睡眠也非常安穩，她變得越來越平靜，只有幾次她的沉著面臨嚴重考驗。一言以蔽之，她

4 這封信及第五十四～五十五頁所引用的兩封信件內容，是轉錄自一九二一年四月的《洛林應用心理學協會通訊》（Bulletin de la Société Lorraine de Psychologie Appliquée），這是庫埃在通訊出版前三個月所收到的信件。其他信件則是庫埃私下提供的，並附有原始日期。

徹頭徹尾換了個人。但讓我印象最深刻的是，當她尋求您的治療時，她以為自己已經無藥可醫，並決定如果沒有療效，她要結束自己的生命（她自殺過一次）。」

——P．（一位巴黎醫師），一九二二年二月一日

「我的一個兒子從德國回來，人非常孱弱又鬱鬱寡歡。但是，他去您那裡不過看了幾次診，現在已經再好不過了。請接受我最真摯的感激！

「我的一個小表弟也是您治癒的，他有神經症，嚴重到對身邊的事彷彿變得麻木不仁，但現在也完全康復了。」

——S．E．（孚日省西爾庫爾），一九二一年十月十九日

「內人和我等了將近一年，才能就您的療法所帶來的奇蹟療效向

您致謝。去年春天您來訪後，內人嚴重的氣喘問題就已完全消失。頭幾個禮拜，內人偶爾會感到一股壓迫感，甚至覺得氣喘就快要發作，不過經過自我暗示後，她在幾分鐘內就克制了氣喘。

「內人很想早點來致謝，但她希望讓證據更充分，所以等了快一年才寫信。不過，患氣喘的這段壞日子，並未留下任何一點嚴重發作的痕跡，都是您救了她。」

——J．H．（薩爾布魯根），一九二一年十二月二十三日

「我平日所遭受的一切病態症狀全消失了！我老是感覺腦袋像被一根火紅的鐵條刺穿，心口灼熱，夜裡也因為惡夢難以成眠；此外，我也容易一連好幾個月極為緊張。我覺得彷彿有木釘從旁刺進腦袋與頸部，當我覺得自己再也受不了這種疼痛時，一股感覺會湧上來，彷彿有張毯子罩住腦袋。

「所有這些疼痛一直來來去去，有時是這種，有時是那種。有幾次我真的想死——我覺得苦不堪言，必須堅定不移才能抵抗那自殺的念頭。

「在南錫接受您親切的治療五個禮拜後，我終於大有改善，能正常健康地返家了。」

——N.（皮蒂維耶爾萊維耶伊），一九二一年八月十六日

「左腿因為局部結核動過四次刀後，我再度於一九二〇年九月一日落入同樣的境地。

「我的幾位醫師宣布必須再動一次手術，從膝蓋到腳踝把腿剖開，如果手術失敗，那除了截肢就沒有別的辦法了。

「聽聞您治癒的病例後，我在一九二〇年十一月六日前來看診，看完診後隨即感到好了一點。

「我嚴格遵循您的指示，並三度回診。第三次回診時，我已經能告訴您我完全康復了。」

——L．（洛林省埃爾尼）

「我很高興能告訴您，我腳上腫得很大、過去十五年來劇痛難耐的拇囊尖腫，已經消失了。」

——L．G．（吉倫特省岡戴昂）

「我一定要在離開法國以前，讓您知道我如何感激您為我及我的家人所提供的慷慨服務。真希望我幾年前就認識您，我的整個人生可以說都受了詛咒，總是缺乏自我控制。

「人們會指控我有時聰明反被聰明誤，得意之餘總是故態復萌，變得有點低能又自我陶醉。

「我付出最大的努力毀壞自己優異的體質，浪費天賜的能力。但您只用幾天時間就讓我再度成為自己的主宰——我認為是永久的主宰。我要如何感激您才夠呢？

「我能夠迅速地完全康復，要歸功於當時我認為是不幸的意外。下火車時，我在覆雪的階梯上滑了一跤，嚴重扭傷了右膝。我第一次造訪您之前，同桌用早餐的一位客人告訴我：『跟庫埃先生提這件事，他會治好你的。』

「我『噗哧』一聲笑出來，但不是因為要告訴您這件事，而是因為事情很滑稽。我記得您說『這沒什麼』，接著便將話鋒轉向我們所談的嚴肅話題，隨後開始對圍攏的病患說話。

「我聚精會神地聽您說話，直到結束時，您突然轉身問我：『你的膝蓋如何了？』（您說話時沒有特別提到膝蓋），我才發現膝蓋不痛了。我又笑了出來，看著我一跛一跛走進診間的人也笑了，但這一次我笑是因為驚訝不解，並油然生出信仰。那是您很快就注入我心裡的信仰。」

——G·H·（倫敦），一九二二年一月十一日

• Chapter 3 •

對兒童的醫療

撫觸擁抱帶來改變

庫埃的材料是比較穩定的成人心智，需要明確、清晰的方法，能更動的地方不多；考夫曼小姐的目的則是將孩子的心裝滿，外面覆上健康和喜悅的創造性思維。

在法國各地，有一小群工作者正在推廣愛彌爾・庫埃的概念，並獲得了媲美其導師的成就——他們幾乎全是庫埃從前的病患。在這些推手中，沒有人比考夫曼小姐（Kauffmant）更用心、成就更輝煌。在我來訪時，南錫診所的小兒科正是由她管理。5

5 在這次造訪（一九二一年七月）之後，診所已經在某些方面進行改組，考夫曼小姐目前已自立門戶。

庫埃在一樓看診時，抱著寶寶的母親們則三三兩兩走上二樓。在二樓的小舞臺，與樓下的場面其實大不相同。

為孩子的心包覆上健康和喜悅的創造性思維

在一個裝飾著明亮圖畫並擺有玩具的大房間裡，幾名年輕女子圍成大圓圈靜靜坐著，生病的孩子不是抱在懷裡，就是在腳邊玩耍。

有一個孩子因為遺傳性疾病而性命垂危──他只剩一把皮包骨，手腳細得像竹竿。另一個孩子一動也不動地閉眼躺著，面如死灰，彷彿渴望歸於塵土。還有一個跛腳的孩子拖著變形的腿試圖爬行，旁邊的五歲孩子則舉起細瘦的手臂緊張兮兮地亂揮一通。

現場也有年紀稍長的孩子，他們可能有眼耳毛病、患癲癇或傴僂病，不論病情輕重，都影響著他們的發育。

圓圈中央坐著一位目光敏銳而和善的黑髮年輕女子，腿上坐著一個有內翻足的四歲小男孩。

她輕輕按摩，順開男孩笨重內彎的腳，並以甜言蜜語哄他說，他的情況已經在改善，很快就會康復。

腳會越來越好；關節變得柔軟，伸屈變得容易；肌肉也會發育，肌腱形成正確的腳型，讓腳變得直挺強健。不久他的腳就會完全恢復正常，小人兒就能夠跑跑跳跳，和其他小朋友玩在一起，蹦跳投球了。他能夠到學校上課，變得聰明而有理解力。她也告訴他，他會變得很乖、活潑，待人親切、不說謊而且有勇氣。

小男孩一隻手臂抱著她的脖子，微笑著靜靜聽她說話。他的表情十分滿足，表現出非常享受這一刻的模樣。

考夫曼小姐心無旁騖地治療時，圍坐的女人們也一語不發地盯著她，每個人腦海裡可能都看見了自己的孩子擁有她所描述的那些特質。孩子們很安靜，有些人迷迷糊糊地聽著，其他人也不吵不鬧地玩玩具。只有偶爾才冒出一、兩句建議，但考夫曼小姐不為所動，整付心思都放在懷裡的孩子身上，滿懷著愛與同情的心意，源源不絕地流向他，因為她將所有生命都奉獻給這裡的孩子們，視如己出地愛著他們。

房裡的氣氛與其說是醫院，不如說像教堂。母親們的哀傷似乎留在了門外，臉上多少都散發著一股寧靜的信心。

治療進行約十分鐘後，考夫曼小姐將孩子交還給母親，給她一點建議，再轉身面對下一位病人。這回是一個還不滿周歲的娃娃，老是生病卻查不出病因，體重過輕，試過各種食物也不見起色，醫學也提不出改善建議。

考夫曼小姐抱著孩子回到座位，默默地撫摸他的頭和身體一陣子，接著她開始跟他說話，不是給已在牙牙學語的大孩子們聽的連貫語句，而是喃喃地向他做出保證，彷彿她的心思在無意識中化成了連綿細語。

這裡的暗示比前一個病例普通，主要提到食欲、消化、吸收，還有適當的心理與道德特質。她一面撫摸一面斷斷續續地說話，如此約十分鐘後，便將嬰兒交還給母親，再將注意力轉到下一個小病人身上。

對於年紀還不夠大到會說話的病人，考夫曼小姐有時會選擇不開口，完全仰賴撫摸。撫摸似乎也足以傳達健康的思維，將孩子心裡的天平轉向健康的那一邊。

所有母親都會對孩子們說一些他們很久以後才懂的話，考夫曼小姐的態度也是從母性出發，所以她也保留著同樣的權利。她沒有必須恪守的規定，想大聲說話就大聲說話，即使孩子聽不懂她話裡的意思也沒關係。

這或許就是她成功的祕密：她的方法可塑性高，就像她所面對的孩子一樣。庫埃的材料是比較穩定的成人心智，需要明確、清晰的方法，能更動的地方不多；考夫曼小姐的目的則是將孩子的心裝滿，外面覆上健康和喜悅的創造性思維。

為了這個目的，她傾其所能地用盡各種辦法。

孩子一到能說話的年紀時，她就要求他們日夜各說一遍這個通用公式：「**每一天，每一天，我在各方面都會更好、更棒、更進步。**」如果孩子臥病在床，她也鼓勵他們隨時重複這句話，並給予自己類似看診時所聽到的那種健康的暗示。

詳盡的指示只會惹來麻煩，讓事情變得複雜。孩子們天生就有強烈而活潑的想像力——裝扮的能力，會本能地運用在自我暗示中。此外，他們也會下意識地模仿其指導者的語氣和態度。

母親是孩子改變的關鍵

但是，孩子的世界以母親為中心，任何一個體系若不運用她的影響力，就會失去最有力的盟友。

她鼓勵母親白天時以身作則，擺出愉悅與信心十足的姿態，**只用鼓勵的**

不用特別給孩子指示應該怎麼做，
有時候，
詳盡的指示只會惹來麻煩，讓事情變得複雜。

話去談論孩子的毛病——如此才能在孩子心裡重新點燃康復的期望——並將所有令人沮喪的影響從身邊驅走，越遠越好。

入夜後，母親則必須進入孩子的臥房，不要喚醒他，只要對睡夢中的他耳語，提及改善的暗示。

考夫曼小姐便是透過這些五花八門的方法，來達到同樣的效果。孩子毫無保留地真心接納是她的助力，孩子的內心也沒有成人那種有害的自動暗示，那類暗示都必須予以抵銷並轉化。因此，孩子最有可能帶來振奮人心的成果。

以下我將列舉出三個我親自調查過的例子，或許能展現考夫曼小姐所獲得的成就：

有一個小女孩天生沒有視覺。視覺器官沒有缺損，但她無法張開眼皮，所以不論如何費盡心思，她到七歲仍無法看見世界，她的母親於是帶她來看考夫曼小姐。治療兩週後，孩子開始能夠眨眼，且次數逐漸增加；治療一個月後，她已經能上街，不須旁人協助也能看到眼前的路。我見到她時，她正在學習辨別顏色——經我測試證明這點不假——事實上，她已經能玩球了。透過她母親的話，證實了考夫曼小姐所提供的相關細節。

另一個孩子在母親懷胎時，患結核病的父親剛好過世。他的五個手足當中，沒有一個人活滿週歲，母親帶他去看的醫生對他的存活率也不抱希望，不過他還是活到兩歲，但是跛腳又近乎全盲，身體內在也很虛弱，於是他被帶來看考夫曼小姐。三個月後我再見到他時，一點也看不出他有任何毛病，只有一點斜視，一隻腿的膝關節也有些僵硬。不過，這些症狀也正在迅速減少當中。

還有一個九歲左右的孩子也來治療，她和她父母都患有結核病。她的一條腿比另一條腿短了近四公分。治療幾個月後，長短腳的情況幾乎消失無蹤。這個孩子的腰背處還有同樣起因於結核病的傷痕，治療幾個禮拜後再看見她時，傷口也完全消失了。

儘管家徒四壁，療養條件欠佳，在上述每個病例中，整體的健康狀態都大有改善。孩子們增加了體重，變得快樂開朗，暗示的內容完全展現在個性和性情上。

由於考夫曼小姐的暗示是個別進行，所以母親們不論何時都可以自由進出診所。她會在每週特定幾天出現，但她所付出的心力不僅僅如此。不在診所時，她花很多時間登門拜訪她的小病人，這個善舉帶她進入最骯髒的廉價公寓與最窮困的貧民區。

有幾次我也陪同她前往，不管到哪兒，人們都不只歡迎她，更表現出一種近似敬畏的敬意。她幾乎就和庫埃一樣被視為奇蹟的運作者，但庫埃與考夫曼小姐的名聲與其說是來自暗示療法，不如說是來自更廣大的基礎——他們偉大的善心。

為了服務他人，他們不僅投入私人資源，更是投入了整個生命。他們從未就治療收過分文，我也從來沒有看到庫埃因為病患求見的時機不佳而拒絕治療。如今，這個學派遠近知名，不僅在法國有名，在歐洲及美國也小有名氣。庫埃現在的工作量，大到一天往往占去他十五到十六小時的時間。他年近七十，但多虧他自己的療法所帶來的強身力量，他能順利完成工作，不露任何疲態，一如既往地愉快，連一點埋怨的陰影也沒有。事實上，他是活生生的典範，彰顯著其誘導性自我暗示的效力。

在渾然不覺中給自己進行暗示

未來人們將看出，誘導性自我暗示療法能讓人心直接對自己和身體發揮效用，帶來我們的理智所渴望的各種改善。和過去的療法相比，應該就能看出這種療法有效而成功。

在所有相關的問題當中，一般人看來最要緊的問題似乎是：

一定要有暗示者嗎？

人必須藉由他人來影響自己嗎？

如果我們在自己的臥房裡運用這種有力的健康工具，能不能獲得同樣的成功？

前面已經提過庫埃本人的意見，現描述如下：

◉**誘導性自我暗示「並不」仰賴另一個人為中介。我們能在別人渾然不覺的情況下給自己進行暗示，而且每天只需要幾分鐘。**

以下幾封信件內容，來自親自施行自我暗示的人們：

「已經有好幾年，我的右肩風濕讓我無法轉向右側睡，而且越來越嚴重地影響到我右臂的使用。一位女按摩師告訴我，因為關節肉芽和病變，她無法為我帶來永久的改善。

「但到兩天前我突然領悟到，我的右肩已經不再困擾著我，側睡時也不再感到任何疼痛。

「我現在已經不再感覺到右肩的風濕，右臂可以和左臂一樣向後彎，不會感到任何一丁點痛楚或不適。

「要不是施行了庫埃的療法，相信任何醫療或方法都不可能帶來這種成果。」

——L．S．（德文郡錫德茅斯），一九二二年一月一日

「在我的建議下，有位患病十年之久的女性朋友讀了《暗示療法的奇蹟》這本書。

「我盡量鼓勵她，不到一個月，她就改變了。她遠行歸來的丈夫簡直無法相信自己的眼睛——這個不到中午絕對無法起身、從不離開火爐，連醫師都束手無策的女人，現在竟然可以在早上十點出門，即

使天氣嚴寒也不例外。這讓我其他朋友也迫不及待地想好好拜讀您的手冊。」

——L．C．（巴黎），一九二一年十二月十七日

「我對您的療法非常有興趣，自從聽了您的演說後，我每天早晚都重複念您說的短句。

「以往我每晚都必須吃藥，但現在我的便祕痊癒了，不再需要吃藥。內人的各方面也越來越好。我們兩人各有一條打了二十個結的繩子（庫埃建議病人拿一條繩子打二十個結，像念珠般，每念一次暗示就數一個繩結，詳見第七章第一百三十二頁）。」

——H．（倫敦醫師），一九二二年一月七日

「您的療法讓我一天比一天好。

「我現在非常快樂，真不知道要如何感謝您。我永遠不會放棄重複念那個短句。」

——E．B．吉耶凡（比利時），一九二一年十一月二十三日

「我遵循您的原則好幾個月，如今已經擺脫了三位醫師都束手無策的嚴重神經衰弱狀態。」

——G．（昂古萊姆），一九二二年一月二十三日

「我的朋友C小姐的肩部與膝蓋風濕很快就完全好了，接下來她的焦點是視力。

「她戴眼鏡已經有三十年，左眼的近視又比右眼深得許多。一開始，（用不戴眼鏡的左眼讀）就算書本都快貼到臉上，她仍舊讀不到字，不到六個禮拜，她左眼的視力已經能媲美先前右眼的視力，同時

右眼的視力也持續改善。她每週測量自己看書的距離，幾天前她在這裡告訴我，三天內她的左眼視力改善了四公分，右眼視力改善了六公分。這些都是她自己達到的成就。」

——G．（倫敦），一九二二年一月五日

Part 2

自我暗示的本質

The Nature of Autosuggestion

• Chapter 4 •

思維就是力量

無意識的運作能力

愉悅或恐懼等心境的念頭呈現在腦海中，一旦抵達無意識就化為現實。

沒有一個呈現在心裡的念頭能化為現實，除非心智加以接受。

自我暗示療法並不是基督科學或新思想（New Thought），自我暗示療法是一種奠基於心理學發現的科學方法。

在外行人眼裡，傳統心理學不僅枯燥，對我們的意識能力所做的分類似乎也沒有用處，這可以理解。但過去二十五年來，這門科學已有大幅變革。這個領域所發生的革命，似乎也可能在我們更廣大的共同生活圈引發同樣深刻的革命。研究焦點已經從意識轉向無意識（或潛意識），即存在於我們覺察範圍之外的廣大心智活動領域，藉以掌握並摸索生命本源，直至「生命力」（life-force）或生命衝力（élan vital）觸及個人存在的深處。未來這會帶來什麼，我們只能略為揣測。正如美洲的發現動搖了舊世界的平衡，使重心偏向大西洋兩岸的西側，無意識的發現與探勘似乎也註定會改變人類生命的天平。

本書顯然沒有餘裕討論這個極複雜的主題。無意識的研究本身就是一種科學，不同思想學派正試圖從相互衝突且日新月異的理論中找出一條事實基礎；不過，仍然有某些經過實驗證明的事實是權威們彼此同意的，以下將引述幾個和學習自我暗示療法的我們直接有關的特性。

無意識控制身體的運作

無意識是記憶的倉庫，鉅細靡遺地記錄著我們從嬰孩時期到生命最後一刻所接收到的每個印象。

然而，這些記憶並不是如留聲機黑膠唱片的刻紋般恆定不動，而是異常活躍，每個回憶都會形成我們人格的一條紋路。這些印象加總起來就是個人本身，也就是自我，生命透過這種形式塑造其整體個性。外在的人不過是面具，真實的自我隱藏在無意識的面紗之後。

無意識也是一座由感覺支配的發電廠，而感覺正是驅策生命的力量，為意識思想與行動提供精力，也為身體的生命作用表現提供能量。如威廉．麥獨孤（William McDougall）教授所說的：「本能衝動決定著所有活動的目的，並提供所有心智活動所需要的驅動力。」[6]

最後，就是無意識扮演著監督我們身體作用的角色。消化、吸收、血液循環、肺、腎與所有重要器官的活動，都是透過無意識來調控。我們的有機系統不是一經啟動就自動按時運轉的機械，其錯綜複雜的過程全是由心智

6 An Introduction to Social Psychology，第五版，一九二〇年出版，第四十四頁。

監督，不過負責這項工作的不是智能，而是無意識。智能在人體的問題面前張口結舌，如陷入分析深淵的十七世紀法國天才數學家布萊茲．巴斯卡（Blaise Pascal）般暈頭轉向，每個發現都只是顯露了更多新謎團，但無意識卻似乎對每個細節如數家珍。

值得一提的是，**無意識永不困倦**。

◉在意識進入夢鄉時，無意識卻似乎比我們醒著的時候警覺性更高。

相較之下，意識的力量似乎微不足道。意識是無意識在演化過程中的衍生物，有如接待室般挑出無意識的原始力量，使之因應外界行動。

過去我們過度誇張了意識智能的重要性，將文明的發現歸功於意識，其實是把工具與行動者混為一談，把視力歸功給雙筒望遠鏡而非望遠鏡後方的眼睛。

然而，意識的價值也絕不容小覷。

◉**意識是價值非凡的機器，理智、社會本能與道德觀念的中樞，只不過意識是機器而非引擎，更不是製造引擎的工程師。意識無法提供材料或動力，這些都要靠無意識來給予。**

這兩層心智生活永遠都在彼此互動。正如意識的一切活動都從無意識起步，每個意識思維也是從上而下層層傳遞，成為存在的一部分，運用無意識的能量，扮演著我們身心狀態的監督者與決定者的角色。如果思維健全，我們就會越來越好；如果思維不健全，我們就會越來越糟。**將思維轉化為我們生命的一部分，這種轉變過程就叫做自我暗示**。因為這是心智的正常活動，所以應當不難從日常經驗中發現證據。

假如你帶著悶悶不樂的心情出門，在街上遇見一個樂天快活的熟人，光是看見他親切的笑容，就讓你心情為之一振，和他聊一會兒天之後，你的陰鬱就一掃而空，被愉悅與信心所取代。是什麼造成這種改變？不過就是心念一轉。你看著他的臉、聽見他和善的聲音、留意到他嘴角的微笑時，意識也被愉悅的念頭占滿。這個念頭進入無意識後便化為現實，於是你也不由得變得愉悅。

很少人不知道聽或讀鬼故事的效應，年輕人更是如此。比方說，晚上你到朋友家聽驚悚的鬼故事，夜深後你離開火爐邊的朋友們回家時，恐懼便化為影像浮現在你腦海，而在無意識裡成為現實。你戰戰兢兢地走進暗處，快步通過教會墓地。當家的燈火終於映入眼簾時，你鬆了一口氣。這條老路你安然走過不知多少次，只是你忽略了那種愉悅的聯想，連最尋常的事物也沾染著你的主觀心境色彩。自我暗示無法將路燈變成鬼怪，但如果你的感受性非常強，感官印象會扭曲，連平常的聲音也似乎帶有超自然意味，日常物品也會化為恐怖的形狀。

在上述每個例子中，愉悅或恐懼等心境的念頭呈現在腦海中，一旦抵達無意識就化為現實，也就是說，你會實際變得愉悅或驚恐。

你的想法會在無意識中變為現實

當結果呈現是身體狀態而非心境時，這個過程更容易辨識。

我們經常碰見人們口沫橫飛、鉅細靡遺地描述自己或朋友的失調毛病。囿於社會習俗，敏感的人只好聽憑他們描述受某些重病折磨的過程。不過，隨著細節一個個展開，他逐漸感覺到一股冰冷的不適感爬滿全身。他的臉色變得蒼白，冒冷汗，心底升起不快的感受。如果聆聽者是孩子，有時他會真的嘔吐，緊接著是一股暈眩。這些效應毫無疑問是生理上的反應，會產生這些效應，一定是感知不適引起了某些器質性過程，不過，其源頭全是因為病痛的念頭不留情地刻劃在心裡，而在無意識裡化為現實。

這種效應可能會精確到實際產生出被描述的疾病症狀。研究某些特定病症的醫學院學生也經常會出現該病症的特殊症狀。

每個人都知道所謂「怯場」的經驗。受害者可能是身心健康的正常人，私底下可能聲音宏亮，很有主張，能言善道。他或許也很有把握自己的聽眾很友善，多少也能贊同他所希望表達的想法。但一爬上講臺階梯，他的膝蓋就開始打顫，心跳變快，腦袋一片空白或一團混亂，張口結舌，說不出連貫的句子。結結巴巴一陣子後，最終他不得不難堪地下臺。這種令人困擾的經驗，是源自他公開上臺前腦海所充滿的念頭。他害怕自己顯得可笑，預期自己會感覺不舒服，唯恐自己忘詞或無法充分表達自己。這些負面想法貫穿了無意識，他的恐懼因此一五一十地實現。

如果你是住在市中心，那也許見過有些人漫不經心過街，令自己置身於被車撞的危險中。在這種情況下，有時他們會呆站在原地，如同我們說的「呆若木雞」。這是因為危險似乎迫在眉睫，他們以為自己無力閃躲。這個念頭一旦被逃開的念頭取代，他們就會盡快閃開了。然而，如果他們最初的念頭不改，來自這種念頭的無力狀態就會一直存在，除非車子停住或轉向，否則他們一定會被撞倒。

偶爾我們也會遇見受舞蹈症這種神經病症所苦的人。他們的臉會突如其來地扭曲，脖子歪扭或肩膀抽搐。眾所周知，密切接觸他們的人，例如住同一棟屋子或在同一個辦公室工作的人，也很容易染上同樣的習慣，往往會出現同樣的舉動而渾然不知。這也是出於相同的法則。**習慣性念頭重複出現在腦海裡，化為現實**，最後他們本人也開始演示類似的動作。

展現這種法則的例子比比皆是。你是否詢問過自己，為什麼有些人一看見血就昏倒？為什麼我們多數人從高處往下望會暈眩？

如果我們觀察神經症患者，會發現有些人喪失了言語或視覺能力，有些人像庫埃診所中的那名鐵匠，手腳不聽使喚，有些人則有某個重大器官功能失調的問題。每個病例都不過是因為一個念頭在無意識中化為現實的緣故。

這些例子足以清楚顯示，我們腦海裡頭的想法確實會在無意識裡變成現實。但這是適用於每個人的普世法則，或只是偶爾出現的事件？有時無來由的快活似乎只會把沮喪推到內心深處；某些類型的人只會被某齣喜劇的舞臺表演激怒；有些醫師則似乎對病人描述的情況不為所動。乍看之下，這些事實似乎與這種法則有些出入，但其實它們不過是能用來測試並證實此法則的明顯例外。

身心效應永遠都會與呈現在腦海的念頭一致，但未必與傳達給外界的觀點一模一樣，有時其中會插入判斷，或那個念頭會喚起一個更有活力的相關概念，從而驅離了它。

悶悶不樂的人遇見快活的熟人時，心裡可能會拿自己來與對方比較，對照自己的困擾與對方的好運、自己悲傷的緣由與對方心滿意足的原因。於是，他加強了「自己不快樂」的想法，滲入了無意識，因而變得比之前更沮喪。同樣的，醫師聽病患描述症狀的時候，不會允許令人困擾的念頭停留在他的意識裡。他的思緒會立刻轉換到療法上，思考他所必須給予的協助。他不但會以深思熟慮的行動來展現協助，也會實現在無意識當中，表現在舉止姿態上；他也可能將心思集中在病例的科學面向，因而不自覺地將病人當成研究的樣本。高空作業人員爬上教堂尖塔時不會感覺暈眩或恐懼，是因為他知道自己腦袋清明，雙腳穩健，因而馬上就取代了危險的思維。

這些例子帶我們來到另一個重點，而這點對治療性質的自我暗示表現很有實質的意義：沒有一個呈現在心裡的念頭能夠化為現實——除非心智加以接受。

在這個領域，大部分的錯誤都出自對這個根本事實的忽略。如果病人牙痛得厲害，「你不會痛。」這句話一點也沒有用。因為這條聲明和事實大相逕庭，病人心裡根本不可能「接受」。病人會拒絕這種暗示，並肯定自己受苦的事實。由於允許意識固著在這個事實上，痛苦有可能變得更嚴重。

現在，我們可以設定暗示的基本法則如下：

◉每個進入意識的念頭，一經無意識接納，就會轉化為現實，自此形成我們生命中的永久成分。

這個過程稱為「自發性自我暗示」（Spontaneous Autosuggestion），這永遠是人心運作的法則，我們所有人的心智每天都是依此運作。

讀者會從本書的病例及生活中不斷碰到的其他例子看出，我們腦海裡的想法不僅決定我們的心境、情緒與感受，也決定我們生理面的細膩行動與調節作用。

顫抖、心悸、結巴、臉紅——更別提發生在神經症中的病理狀態——都是起因於血流、肌肉運動與重大器官運作的調整與變化。這些變化不是以意志控制的、有意識的變化，而是取決於無意識的操控，我們意會到時往往會覺得震驚。

如果我們將意識填滿健康、喜悅、良善、效率的念頭，並確保無意識能

我們腦海裡的想法不僅決定我們的心境、情緒與感受，
也決定我們生理面的細膩行動與調節作用。

加以接納，顯然這些念頭就會化為現實，將我們提升到新的存在層次。迄今這些希望總是落空，困難出在無法確保無意識接納這些念頭。下一章我們將談到這點。

總而言之，**整個自我暗示的過程包含兩個步驟：一、接納念頭；二、將念頭轉化為現實**。這兩道程序都是由無意識操作。

至於那個念頭是源自個人內心，還是以另一個人為中介，從外界呈現給內心，這無關緊要。兩種情況都歷經同樣的過程：將念頭傳遞給無意識，無意識予以接納或拒絕，因而使之成為現實或被忽略。因此，自我暗示和外源暗示（Heterosuggestion）的區別是任意而膚淺的。基本上，**所有暗示都是自我暗示，唯一需要做的區別，是「自發性自我暗示」及「誘導性自我暗示」的區別**，前者是獨立運作，不受我們的意志與選擇控制，後者是指我們有意識地選擇自己希望實現的念頭，並刻意將該念頭傳達給無意識。

• Chapter 5 •

思維與意志

正反力量的拉鋸抗爭

念頭所蘊含的情感越濃，所得出的自我暗示就越有力。

要有效運用意志，唯一的方法是以自信代替恐懼，平靜期待成功，不帶任何焦慮和憂心。

實行自我暗示的第一條最重要的法則是：避免用力！

如果我們能讓無意識接納念頭，念頭就會自動化為現實。

我們在進行誘導性自我暗示療法的時候，唯一的困難就是確保無意識的接納，而在愛彌爾．庫埃的療法出現之前，沒有一個療法能令人滿意地克服這個難題。

每個進入腦海的念頭或多或少都帶著情感。這種情感成分或許難以察覺，就像我們對進入腦海的念頭也渾然不覺；也或許這種情感成分非常明顯，例如與個人利益息息相關的念頭。我們有可能當成誘導性自我暗示之主體的，全是屬於後者，因為這些念頭是有關健康、精力、成功或我們同樣掛心的目標。

念頭所蘊含的情感越濃，所得出的自我暗示就越有力。因此，驚恐至極的一刻，有可能帶來持續一生的效應，這種情感因素對確保無意識接納念頭扮演著重要角色。

利用聯想去影響無意識

就我們所知，無意識會接納或拒絕一個念頭，取決於與該念頭有關的聯想。因此——

◉一個念頭若能引發類似的念頭，該念頭也散發著相同品質的情感能量時，無意識就會接納；若這個念頭連結到其他相反的念頭，因而引發相反的情感能量時，無意識就會予以拒絕。

在後者中，原始念頭被其聯想抵銷，就有點像酸鹼中和那樣。以下便舉一個例子來說明。

你正坐船橫渡海峽，海面有些風浪，你走到水手身旁，略帶同情地說：「我親愛的夥伴，你看起來臉色非常不好，是快暈船了嗎？」依水手的性情不同，他可能會被你的「玩笑」逗樂，或表現出可以理解的惱怒，但他不會真的暈船，因為你所喚起的是相反的聯想。暈船在他心裡是與自己的免疫連在一起的，因此喚起的不是恐懼而是自信。為了繼續進行你有點不人道的實驗，你走向一個外表靦腆的乘客：「我親愛的先生，你的臉色看起來好差啊！我敢說你快暈船了，我扶你走下船艙吧。」他一聽完隨即臉色發白，「暈船」這個詞讓他聯想到自己的恐懼與不祥預感。他接受你的扶持走回自己的艙位，那個有害的自我暗示就在那裡化成現實。在第一個例子中，那個念頭被拒絕，是因為它被相反的聯想所制伏；在第二個例子中，無意識接納那個念頭，是因為類似的心念加強了該念頭。

那麼，假設我們想為一個充滿疾病思維的病弱心靈展現健康的思維呢？要如何避免讓有害聯想抵銷那個思維？我們可以把無意識想成漲落的潮水。入睡時，它有如漲潮蓋過意識，讓其沉入夢鄉；完全清醒、注意力和意志都在起作用時，潮水就會退到最遠處；在這兩極間，則有各種過渡層次。我們打盹、發呆，因為音樂、繪畫或詩而出神幻想時，無意識的潮水高漲；我們越清醒、越提高警覺，潮水就會降得越低。波都因將意識的沉沒稱為「無意識的露出」（Outcropping of the Subconscious）。

◉順應著思維的意識方向，露出的最高點是我們睡著的前一刻，以及乍醒的第一刻。

顯然，無意識露出越多，心靈的動態層次也變得更明顯可及，更容易接受我們灌輸希望實現的任何念頭。

當無意識漲潮時，會淹沒心靈的活躍層次；思維從其任務中獲得解放，不再服務於意識在真實物質世界中的目的，並在盈滿無意識之更原始的希望與欲望中活動，如同潛水者在海面下的奇異世界走動。

不過，在這個表面下的層次裡，思維並不是受我們平日清醒時的意識法則所統治。在無意識露出期間，相反的聯想似乎不會馬上出現，因此，會抵銷我們期望實現的念頭，進而阻止無意識接納該念頭的錯誤聯想，也就不再出現。

我們都知道「做白日夢」或「沉思出神」等無意識潮水高漲的時刻會發生什麼事，一連串鮮明的意象會如行雲流水般流過腦海。原本的思維不停旋轉，彷彿沒有任何阻撓，也沒有任何機率問題出現，我們脫離了生活的實際狀況，活在一切都有可能發生的世界。**這些白日夢帶來非常有力的自我暗**

示，**應該謹慎確保其健全無害**；重點是，在這個意識層次，聯想似乎是藉由相似性運作，情感也相對強烈。這些情況對無意識的接納極為有利。

如果夜裡上床時，我們擺出舒服的睡姿，放鬆肌肉並閉上眼睛，自然能落入接近白日夢的半意識階段。如果這時我們將自己期望的念頭引入腦海，就能將它從白天生活的拘束聯想中釋放出來，讓它藉由相似性產生聯想，並吸引同樣品質的情感做為其動力。因而無可避免的，無意識將因此接納該念頭，轉變為自我暗示。我們每重複這個過程一遍，念頭的聯想力就更強，情感值更高，從中得出的自我暗示就更有力。

藉由這種方法，我們可以誘使無意識接納在正常情況下會產生相反且不利於聯想的念頭。充滿病態思維的人能逐漸灌輸自己健康的念頭，每天為自己的無意識充滿療癒的思維。思維是我們所運用的工具，而**誘使意識歇息是成功的基本條件**。

試圖運用自我暗示的系統療法到目前為止都無法保證成果穩定，原因出

夜裡上床時，擺出舒服的睡姿，放鬆肌肉並閉上眼睛，
趁這個落入接近白日夢的半意識階段，
將自己期望的念頭引入腦海。

在它們倚賴的並不是思維，而是試圖以意志（Will）迫使無意識接納一個念頭。顯然，這類意圖註定失敗。

◉ **運用意志時，我們會自動喚醒自己，抑制無意識潮水的入侵，因而破壞了我們所能成功的唯一條件。**

強迫接納好暗示往往結果相反

這點是如何發生的，值得我們深入探討。假設有人一心認為自己健康欠佳，他坐著逼迫自己接納一個好暗示，喚起健康的思維，並以意志力將這個思維銘印在無意識中，他的努力反而會令他完全清醒，招來慣常的聯想——疾病。隨後，他發現自己所沉思的與他的渴望正好相反，於是再度召集意志，重新喚起健康的思維，但因為此時他又比之前更清醒，所以聯想也比之前更迅速有力。疾病的思維此時已經完全占滿了他的心思，用盡所有意志力都無法驅離。事實上，他越是奮力，那種惡念就越強力掌控著他。

從這裡，我們略能了解到，庫埃始終如一的成功是來自其嶄新的驚人發現，亦即：**當意志與念頭產生衝突時，念頭永遠占上風**。當然，不僅在誘導性自我暗示上是如此，日常生活中的各種自發性暗示也是如此。用幾個例子就能說明這點。

我們大多數人都知道，當自己有艱難的任務要執行時，偶然飄來的一句令人氣餒的話會留在心底，啃噬我們的自信心，讓我們一心想著失敗。我們用盡所有力氣也無法甩開那個念頭，事實上，我們越是掙扎，就越執迷不悟地沉淪。

受怯場所苦的人也有非常類似的心境。他滿腦子充滿失敗的念頭，窮盡意志力也無法克服。事實上，正是那種努力與緊張的狀態，才讓他如此潰不成軍。

運動也為這種法則的作用提供了許多例子。

一名網球選手正要打一場重要的比賽。他當然希望打贏，但也害怕自己輸球。比賽那一天還沒到，他的恐懼就已化為現實了。他緊張不安，「有點失常」。事實上，無意識正在創造最適合實現他心裡那個思維（失敗）的條件。比賽開始時，他的技巧似乎都棄他而去。他召喚自己的意志，試著逼自己好好打，綳緊每條神經，以重新找回昔日的敏捷身手，但所有努力都只讓他每況愈下。他越是認真，就輸得越慘。他所喚起的精力遵從的不是他的意志，而是他心裡的念頭；不是他贏球的渴望，而是凌駕一切的失敗思維。

基於同樣的原因，沙坑對緊張的高爾夫球手也有致命的吸引力。他的心眼會看見球落在那個最不利的位置；他可以任選一根自己喜歡的球桿用，使出長打或短打，但只要他心裡充滿著沙坑的念頭，球就會不可避免地落在那裡。他越是召喚意志來幫助他，處境就越是艱難。**成功不是靠努力，而是靠正確的思維。**

冠軍高球選手或網球選手都不是意志力強大的大力士，在他們勝出的比賽裡，他們全身上下都被成功的思維所主導。

坐在考場裡的年輕人有時也會有這種痛苦的經驗。讀完試題後，他們發現自己所有的知識不翼而飛，腦袋令人驚恐地一片空白，連半點線索也找不到。他們越是咬牙切齒，喚起自己的意志力，他所期望的念頭就越是逃逸無蹤。然而一離開考場，身心鬆懈下來之後，他們所尋找的念頭又迫不及待地返回腦海——他們健忘是因為失敗的思維先占滿了腦海，運用意志只是成就了這場災難。

這解釋了吸毒者、酒鬼、某些邪惡欲望的受害者令人挫敗的經驗，他的心縈繞著追求滿足的欲望，**克制的意志力只會讓欲望更不可一世**。最後，反覆失敗會令他相信，他無力控制自己，而這種念頭如自我暗示般運作，加深了他的無力感。萬念俱灰下，他放任自己沉淪在欲望裡，導致他的人生就此一敗塗地。

現在我們可以看出，意志不僅無法克服思維，而且只要意志發起反抗，思維就會制伏它，讓它一敗塗地。

波都因稱呼這條真理為「努力反向法則」（Law of Reversed Effort），庫埃則是這麼描述的：

◉「當想像與意志起衝突時，想像永遠是獲勝者。」

◉「在意志與想像的衝突中，想像的力量永遠是意志力的平方。」

當然，這裡的數學術語只是比喻。

這句聲明裡的事實至今仍未受挑戰。上文引用的例子與我們的日常經驗都充分證明了這條法則所揭露的真實過程。但有幾位批評家，包括威廉·布朗博士、曼徹斯特主教和切斯特主教，都反對其用來表達的術語。這裡的術語問題非常重要，我們不能逃避。

避免用力，是實踐心理暗示的第一法則

「想像」（Imagination）這個詞或許不全是正面含意。這裡說的想像不是「在心裡形成圖像的天賦」，直接決定著我們的自我暗示，而是那些圖像本身——換句話說，就是我們的思維。因此，我在本書中擅自用「思維」來取代「想像」。

第二個難題也不容易避開。「意志」這個詞很不幸地意義曖昧，可以看成是「果斷的自我」，朝其渴望的目標推進的完整人格 7。顯然，如果我們如此定義意志，那麼「意志」和「思維」之間就不會有衝突的問題。在這個廣義之下，意志與思維無法二分，因為我們已經令思維能力成為意志的一部分。但我們必須略為質疑，「意志」的流行概念是不是也有這麼廣闊、富哲學意味的含意。

我們通常將意志看成是人格中唯一展現動力的成分，並認為可以用毅力

喚起意志，在與心智產生衝突時站定立場，確保我們人格中的某個成分能贏過其他對抗成分。因此，如果我們害怕某樣事物，就運用意志力來擺脫恐懼；如果我們禁不住走上歧途，也會運用意志力來擺脫誘惑。在每個例子中，意志力都會落敗：我們越是努力克服，恐懼與走偏的欲望就越強。但儘管如此，「街頭巷尾」所理解的意志，就是這個純動力成分，而既然庫埃的福音是散布給所有需要的人而不光是學者專家，他也用這個流行的意義來解釋意志。顯然庫埃的批評家所說的意志，正是庫埃說的正確思維與意志的綜合體。

了解這點後，我們就能看出庫埃的學說並不是在攻擊意志，而是在攻擊錯誤的意志，或是（依據你對這個詞的定義）攻擊對意志的誤用。他教導我

7 請參見切斯特主教的《庫埃先生及其健康福音》（M. Coué and his Gospel of Health）第二十八頁：「當我談到『我的意志』時，我的意思是我帶著目的指揮自己。我的意志就是我自己。」

們，意志只有在與心裡的思維和諧一致的時候，才能有效運用，那個時候的意志會遵照主要人格的指示行動。「如果它們（意志與思維）和諧一致，如果我們說『我會去做，而且我做得到』，那麼條件就齊備了。」

當意志與思維和諧一致時，便沒有內在衝突，沒有用力和緊張的感受，只有協調而成功的進展。但假使意志是用來加強人格中的某個成分，而這個成分與人格的其他成分衝突時，這麼做只會令分裂加劇，徒然耗費心力，最後反而加強了我們所意圖推翻的那個成分。

庫埃警告我們，這種對意志的誤用會妨礙我們成功應對外界。在心智處於不協調的狀態之下，這只會增加衝突，消耗我們的生命精力，並且令我們變得虛弱無力。如果恐懼失敗的念頭縈繞著我們的心智，我們使盡所有力氣非但無法克服，只會讓念頭更難以抗拒——我們對它的頂撞就有如螳臂擋車那樣無力。

事實上，用這種方法，我們會將微不足道的難題無限放大，直到變得難以征服，正所謂聚沙成塔。神經衰弱患者正是如此。他的心思始終不變地膠著在難題上，所有用來克服難題的力氣只是增加其困難度，直到自己不堪承受，讓他們光是蓄力準備就會暈倒。我們必須明白，只要我們心裡盤旋著對失敗的恐懼，一切努力都是白費。**要有效運用意志，唯一的方法是以自信代替恐懼，平靜期待成功，不帶任何焦慮和憂心。**自我暗示能幫助我們促成這種改變，接下來的章節將描述改變的方法。

◉ **在自我暗示的實際運用中，使力會帶來致命的後果。**

◉ 自我暗示只有在心智完全被我們需要和渴望改善的念頭占滿之時，才會成功。但只要一有內在衝突出現，心智就不是被完全占滿。

在進行暗示時使力，本身就代表著有必須克服的障礙。有阻力，才會需要用力氣來克服；因此，若我們試著以力氣迫使心智懷抱並接納一個暗示，

實行自我暗示時，
要避免用力。

就會自動在心裡喚起所有相反的聯想，令我們的目標落敗——實行自我暗示的第一條最重要的法則是：避免用力！

檢視上述例子能看出另一個有趣的事實。

我們能從每個例子發現，占據心思的念頭處於一種終極狀態，它是一個木已成舟的事實。高爾夫球手想著球落入沙坑，網球手想著輸球，考生想著落榜。在每個例子中，無意識為了以自己的方式實現思維，不免選擇了能達到其目的的最好的辦法——實現那個念頭。在高爾夫球手的例子中，這需要最精細的身體調節動作，姿勢、握法與揮桿都各有其重要性，但是這些調節是在無意識中施行，意識是渾然不覺的。從這裡可以看出，我們不需要向自己暗示達成目標的方法。

◉內心充滿所渴望達到的目標時，只要目標有可能達到，無意識就會引導我們循最簡單直接的途徑來達成。

在這裡，我們也瞥見了所謂「運氣」背後的真相。有人說「戲臺下等久了就是你的」，確實如此，只要你的心態正確。有些人在商業上幸運得一塌糊塗，只要是他的手碰過的地方，似乎就會「點石成金」。他們成功的祕密來自這個事實：他們有信心自己會成功。我們不必像「新思想」教派的作家那樣，宣稱暗示能驅動人類本性之外的超越性法則，顯然，想要成功的人，不論想要的是哪種成功，都會在無意識中對其環境採取正確的態度，不自覺地接近一瞬間的機會，以內在的健全來支配外在的境遇。

Part 3

實際練習自我暗示

The Practice of Autosuggestion

• Chapter 6 •

先承認「惡」的存在

不被思維的瘋子掌控的通則

我們不單要認可「惡」的存在，更要尋求克服「惡」的最佳方法；然後我們就可以期待達到鼓舞人心的目標，並運用意志力來為此服務。

了解念頭所產生的強力效果後，我們應該就能看出，更縝密地審視進入心裡的思維，是件很重要的事。

◉ **思維是我們生命中的立法能力，就如意志是行政能力。**

我們不該認為讓囚犯和精神病患位居國家的立法要職是明智的決定，但當我們懷著激情與疾病的念頭時，就是允許思維的罪犯與瘋子篡奪統治權，主宰我們存在的福祉。因此，往後我們應該尋求健康、成功與良善的念頭，並謹慎面對談話中一切令人沮喪的主題、每天充斥報紙的犯罪與災難事件，還有令人揪心卻並未以藝術魔力將悲傷轉化為美的小說、戲劇與電影。

這並不是說，我們應該自我意識強烈地不斷自我檢視，有害的念頭一冒出來就要隨時掐滅；也不是說我們應該像鴕鳥一樣把頭埋進沙堆，宣稱疾病和邪惡都不真的存在——這要不是導致自我中心，就是造成漠不關心。有時出於道義，我們必須把注意力放在邪惡而令人沮喪的事物上。人們亟需友誼與世人的同情，忽略這些會產生道德喪失。但接近這類主題時，有負面的做法，也有正面的做法。

把注意力放在療癒性的自我暗示

同情心經常被看成是一種被動過程，彷彿我們在同情他人的時候，也允許自己被他人的悶悶不樂、軟弱與心理不健全所影響——這是一種對同情心的曲解。

如果朋友罹患天花或猩紅熱，你不會讓自己也患病來表現同情，你明白這麼做是對社區犯罪。但很多人會讓自己受不健康的念頭所影響，彷彿這是一種善舉，也代表是他們對鄰居的一份責任。同樣的，人們對描述饑荒與鼠疫的悲慘故事也心有戚戚焉，彷彿因此產生的內心沮喪對遠方的受害者有些價值。

但顯然這是錯的。

唯一的結果只是導致讀者的陰鬱與不健康，進而成為家人的負擔。人們應該理解這類災難，這點毋庸置疑，但我們應該以上一章所提出的態度來予以回應。

我們不單要認可「惡」的存在，更要尋求克服「惡」的最佳方法；然後我們就可以期待達到鼓舞人心的目標，並運用意志力來為此服務。

噢，人類的靈魂，
只要你能做到，
請豎立一道永不熄滅的光，
在感官的起伏漲落之上……
你在夜裡奔忙，或有得失，
你已令自己期望的天堂成為歸宿。

自我暗示一點也不會造成麻木不仁，反而能產生主導，提供最能展現真心同情的方法。

在每個例子中，我們的目標一定是盡快去除病痛，而要促成這點，我們令心智拒絕接受壞念頭，維持自己的心智與道德平衡。

每當憂鬱的思維出現時，不論是來自外界或內心，我們都應該默默將注意力轉移到光明的事物上。

◉ **就算我們遭受的是真實的病痛，但只要在能力範圍內，就不該讓心思停留在病痛上。**

允許心思盤旋在這上頭，器質性疾病有可能惡化百倍，因為這樣是將身體系統的所有資源交給它全權處置，因而導致生命力邁向自我毀滅。

另一方面，拒絕關注病痛，並以療癒性的自我暗示予以抵抗，我們就能把病痛的威力降到最低，並應該能成功根治病痛。

即使是在最嚴重的器質性疾病中，純生理病痛所造成的傷害，都遠遠不及錯誤的思維所造成的影響。

有時性情缺點或病情嚴重會令我們失去平日對想像的掌控，暗示不受掌控地自行運作，我們似乎不再擁有能讓心智擺脫惡念的力量。在這類情況下，我們絕對不應該以蠻力使勁丟棄那個縈繞在心的念頭，這樣只會驅動「努力反向法則」，令自己越陷越深。

庫埃的技巧與此不同，以下各章將顯示，他教導我們做自己主宰的方法，即使在最險峻的情況下也不例外。

避免負面思維，不只是為自己，也為他人

在所有必須避開的毀滅性暗示中，沒有一種比恐懼更危險。恐懼某樣事物時，心智不僅會鑽牛角尖，更會將那個負面念頭與我們自己做出最緊密的個人連結。

再來，那個念頭還會被情感的氣氛包圍，因而大幅增強了恐懼的效應。恐懼會結合一切必要元素，讓其暗示發揮無比的力量。

可喜的是，恐懼也容易受自我暗示的控制力所影響。恐懼是了解如何運用暗示的人首先必須從心裡根除的事物。

同樣為了自己，我們也應該避免老是想著鄰居的缺失與弱點。如果一直

想著自私、貪婪、虛榮等念頭，無意識接受這些念頭的危險也會提高，最後體現在自己的個性上。小鎮十分常見的三姑六婆與說長道短，似乎正好會造成它們所譴責的錯誤。相反的，讓自己的心思停留在鄰居的美德上，我們就能在自己身上重現這些美德。

為了自己，我們應該避免懷有負面的思維，為了他人，我們更應該這麼做。憂鬱與沮喪的男男女女是心智歪風的風眼，所到之處無不造成災情。有時這類人似乎是不自覺地對樂天光明的天性澆冷水，彷彿他們的無意識想把所有人都貶到同一個層次。

我們常出自善意卻散播有害的暗示

不過，即使是健康、善意的人，也會散播有害的暗示，卻全然不知自己造成了傷害。

每一次我們與面帶病容的熟人交談，就是在實際損害他的健康，效果儘管微乎其微，但是在一再重複之下，雪球便越滾越大。如果一天下來，某人聽見十五或二十個人暗示說他看起來有病，那麼他離真正罹病的那天也不遠了。同樣的，我們不假思索地同情一個朋友的日常工作很辛苦，或提到他的工作時皺著眉頭，語氣不悅，這會為他的成就添加困難，因而略微降低了他成功的機會。

為了孩子，我們更要管好自己的言詞

假如我們與成人說話時必須管好自己的言詞，對兒童就應該更謹慎。

孩子的無意識更容易受人影響

兒童的無意識遠比成人更容易受影響，意識做出選擇的力量微弱得多，因此他們接收的印象也會更強力地化為現實。這些印象是兒童的人生成長所賴以建構的素材，如果我們用錯素材，最後產生的結構也會不穩定。

不過，即使是最用心、用意最良善的母親，每天也會在孩子心裡播下脆弱的種子。

她們時時告誡孩子說他們會受涼、生病、倒下或遭受其他不幸。孩子的體質越敏感，就越容易被不良暗示所影響，心裡總是充滿健康欠佳的念頭，於是越來越將疾病看成是正常的生存狀態，健康反而變成了例外。兒童的心智與道德教養也是如此。

有多少愚蠢的父母告訴孩子說，他們很頑皮、不乖、笨、懶散或頑劣？感謝老天事情並不總是如此，但假使孩子接受了這些暗示，小人兒就會照實發展出這些特質。

身體語言也能散發暗示

還要注意的是，就算一句話也沒說，一個眼神或一個手勢也可能激發令人不快的自我暗示。

有兩個陌生人來看同一個孩子，孩子會立刻親近其中一人，而疏遠另一個人，為什麼呢？因為前者散發著健康的氣息，後者卻散發渾身煩躁或憂鬱的氛圍。

愛默生（Emerson）說：「人類想像自己只透過外在行動傳達美德與罪惡，殊不知美德與罪惡時時刻刻都散發著一股氣息。」

避免表達負面念頭，更要避免心存負面念頭

面對兒童，僅是避免表達負面念頭還不夠，更必須避免心裡存著這些念頭。除非我們存著光明正面的心態，否則做出的暗示效用也不高。

人們日益相信，**很多所謂的遺傳性疾病是由父母傳給子女，不是生理遺傳，而是心智遺傳**——也就是說，那種不利的暗示不斷在孩子心裡重現。

因此，如果父母中的一人容易罹患結核病，孩子就往往生活在充滿結核病思維的氣氛裡。家人不斷提醒小寶貝要顧好自己的肺，讓胸部保持溫暖，小心不要感冒等等。換句話說，人們一直灌輸他一個念頭，那就是——他的肺不太健康。於是，這個念頭的實現——也就是肺結核的實際產生——也就近在咫尺了。

但所有這些不過是常識化成了現實。每個人都知道，愉悅的心健康滿點，憂鬱的心會產生有利疾病孳生的條件。《箴言》的作者說：「喜樂的心乃是良藥，憂傷的靈使骨枯乾。」不過，因為這條知識缺乏科學根據，所以從未被系統性地運用。

我們必須先有快樂

◉我們太常將感受看成是效果而不是起因：我們很快樂，是因為一切安好。我們並未認出，這個過程反過來也一樣有效——我們一切安好，是因為我們快樂。

◉快樂不僅是我們生活條件下的結果，也是這些條件的創造者。

自我暗示加強了後面這個觀點的分量。

我們必須先有快樂，只有當心理平衡、有秩序，充滿著洋溢甜美喜悅的思維之光，才能將效用發揮到極致。

我們維持快樂的習慣時，力量與潛能就會淋漓盡致地發揮，盡最大效能形塑我們的外在生活。

你或許會說，快樂無法像餐廳裡的肉塊一樣整齊排好。快樂就像愛，其真正的本質是自由。這點沒有錯，不過，快樂也像愛，我們能展開追求並贏得芳心。

這是人人在某個人生階段都會經歷的情況，也是心智的天性。藉由誘導性自我暗示的系統性實踐，我們就能夠做到，讓快樂不是身為偶然來到的訪客，而是心的固定房客，任何外界的風雨和壓力都無法將之驅離。這種存於內心、具有內在條件的快樂念頭，就和思維一樣久遠。透過自我暗示，我們能將它實現在自己的人生中。

• Chapter 7 •

通用公式

每一天，每一天，我在各方面都會更好、更棒、更進步！

自我暗示簡單至極，最大的敵人就是耗費力氣。自我暗示的實行方式越簡單不費力，表現就越強烈而深刻。

先來談談一位技巧拙劣的高爾夫球手，他想像自己的球會落入沙坑，於是無意識地施展出需要用來實現這個念頭的生理動作。在實現其念頭時，他的無意識展現出靈敏與技巧，儘管有違他的欲望，仍然令人激賞。從這裡和其他例子中，我們可以下個結論，假如心思停留在一個已完成的事實、已實現的狀態上，無意識就會製造出這個狀態。假如自發性的自我暗示是如此，自我誘導的暗示也同樣如此。

由此我們可以得知，如果我們持續想到快樂，就會變得快樂；如果我們持續想到健康，就會變得健康；如果我們持續想到良善，就會變得良善。不論我們持續想到的是什麼，只要它合乎常理，就會傾向變成我們人生的實際狀況。

傳統上，我們都太過仰賴意識。

如果一個人患頭痛，他會在醫師協助下尋找頭痛的根源，看問題是出自眼睛、消化器官還是神經，並購買最適合緩解該問題的藥物。

假如他希望的是增進記憶力，他會從五花八門的記憶訓練法當中找一種來實行。

假如他是惡習的受害者，他僅有的選擇是透過意志力來抵抗，然而，這往往會耗盡他的精力、損害他的自尊，最後，他也只是讓自己陷入泥沼不可自拔罷了。

比較起來，誘導性自我暗示的方法顯然簡單多了！**他只需要思考自己的目的**——頭不再痛、記憶力強、生活模式擺脫惡習——這些狀態就會在無意識的操作下逐步開展，連他自己都渾然不覺。

以直接簡單的方式自我暗示

治頭痛有治頭痛的方法、增進記憶有增進記憶的方法、改善惡習有改善惡習的方法……但即使如此，假如每個難題都需要一種新療法，那麼需要用來實行自我暗示的時間也會占去我們清醒時的多數時間。可喜的是，南錫學派的研究已經發展出了進一步的簡化療法，即運用通用公式，帶給我們的心智在身、心與道德各方面都逐日改善的念頭。

在法語原文中，這個通用公式是：「Tous les jours, à tous points de vue, je vais de mieux en mieux.」。庫埃認為他最滿意的英文版本是：「Day by day, in every way, I'm getting better and better.（每一天，每一天，我在各方面都會更好、更棒、更進步。）」說這句話很容易，連最年幼的孩子也聽得懂，而且這句話有一種基本的韻律，對心智能發揮安撫的效用，因而更有助於喚起無意識。

不過，假如你習慣採用其他版本，例如波都因的譯者所推薦的版本，那麼繼續採用那個版本比較好。希望將這個公式連到上帝的照顧與保護的宗教人士，可能會這麼說：**「每一天，每一天，上帝會在各方面給予我幫助，讓我更好、更棒、更進步。」**無意識的注意力有可能因此大幅轉向道德與精神的提升，有別於原本的公式表現。8

但是，這個通用公式除了精簡便利之外，其實具備相當的好處。

◉**無意識是我們身心功能的監督者，遠比意識更確切知道哪些短處和弱點最需要關注。**

◉**通用公式為無意識提供療癒，強化其力量，並留待無意識來決定哪裡最迫切需要這股力量。**

我們從共同經驗得知，人們對男人味與女人味的理想差距甚大；硬心腸的物質主義者只用財富來衡量完美；花蝴蝶要的不多，只要外表美麗迷人，擁有吸引人的特質；敏感男性傾向貶低自己擁有的力量，卻去誇大自己的不足；但滿意自己生活的鄰居眼裡只看見自己所擁有的優勢。

可以想像，當一個人能依其意識欲望自由決定其自我暗示的性質時，他可能會用這股力量來實現一個本身並不值得欣賞的特質，甚至從較高的標準來看似乎根本有害的特質。

就算他的選擇是好的，也可能會有過度發展少數特性，殃及其他特性的危險，因而破壞了自己人格的平衡。

運用通用公式能防範這點，無論情況為何都能拯救他，訴諸更適任的權威，以**避免意識導致我們落入陷阱**。正如我們將身體所獲得的養分交給無意識來分配，我們也能將心智養分安全交給誘導性自我暗示來安排。

8 參見本書作者與查爾斯牧師合著的《基督教與自我暗示》(Allen and Unwin, 3s. 6d.)。

有些人害怕廣泛運用通用公式會帶來標準化的效應，將其使用者修正成統一的樣貌，但這種恐懼毫無根據。特定暗示的嚴謹系統或許可能導致這種結果，但通用公式能讓每個心智依其最自然的方式揭露並發展。人心永恆的多樣性在這種自由衝動的調節下只會加強，不會變弱。

我們先前已經看見，無意識潮水會在睡著前一刻和醒來的第一刻達到與意識思維相容的最高點，在那個時刻進行的暗示，無意識幾乎肯定會接納。我們選擇反覆施行通用公式的時刻，正是此時。

但在我們精確談論這個方法前，我必須提出一點警示。即使只是想稍微以理智分析一件進行中的行為，都註定讓那個行為顯得複雜難解，因此我們對無意識露出與接納過程的思索，也不免造成困難的假象。自我暗示簡單至極，最大的敵人就是耗費力氣。自我暗示的實行方式越簡單不費力，表現就越強烈而深刻。我們能從自我暗示的效果，在孩童和心思單純的法國農人身上最顯著，來看出這個事實。

在睡著前一刻和醒來的第一刻說：

「每一天，每一天，我在各方面都會更好、更棒、更進步。」

也就是在這裡，庫埃對施行暗示的指示迥異於波都因的指示。庫埃堅持**大而化之**，波都因則讓事情變得更加複雜。波都因書中的「放鬆」、「鎮定」、「爭論」與「專心」四章給讀者帶來了不可謂不大的有害暗示，給人的印象是自我暗示執行起來錯綜複雜，只有深謀遠慮、密切監督才能帶來成功。這種算計比任何事都容易讓新手陰溝裡翻船。

我們已經看見，自我暗示是一種心智功能，日常生活中我們天天都在自發行進。**誘導性自我暗示越接近這種自發性的原型，效果就可能越有力。**

波都因警告我們，讓智力做直覺的工作是危險的，但他本人正是如此。病人想運用他的原則達到無意識的露出，並在其中植入自我暗示，但因為他對自己正在做的事警覺性太強，所以無意識幾乎不可能露出。在庫埃看來，這些人造輔助非但沒有必要，還會礙事。

自我暗示只有在意識與無意識齊力接納念頭時才會成功。庫埃長年執業的經驗顯示，我們必須將工作全權交給無意識，無意識才是這個領域的資深夥伴。用智力來指揮不屬於其分內事的多此一舉方法只會造成衝突，並讓我們的意圖註定失敗。

開始自我暗示

本書所給予的指示已經非常充足，用心實行就能確保獲得這個療法的最大功效。

拿一條繩子打二十個結

用這個方法可用最少注意力來計算自我暗示的次數，就像虔誠的天主教徒用念珠幫助誦念《玫瑰經》。「二十」這個數字本身沒有特別的意義，只是一個適量的整數。

上床後閉上眼睛，放鬆肌肉，擺出舒服的姿勢。這些不過是普通的睡眠準備工作。此時，請一邊計算繩結，一邊反覆念二十遍這個通用公式：「每一天，每一天，我在各方面都會更好、更棒、更進步。」

暗示內容應該大聲念出來

不只要念出來，聲音要大到自己聽得見。如此一來，暗示的念頭會透過唇舌的動作與傳進耳朵的聽覺印象加強。輕鬆地說，不要費力，像小孩子不經意哼一首兒歌。這樣你才能避免因為喚起意識的批判力，從而減少了無意識的露出。

習慣了這段練習並且能以不那麼強的自我意識來念時，你就可以在念到「每個方面」時開始升降語調——拉高或降低都無妨。

這或許是這個公式裡最重要的部分，所以要略為強調，但請不要一開始就加強語氣，這只會令事情變得不必要地複雜，而且需要更多的意識注意力，或許會變得更費勁。

不要去想自己在說什麼

請不要試著去想自己在說什麼，相反的，請讓心任意遨遊。讓意識停留在公式上很好，但如果晃盪到他處也無需喚回。只要你反覆念，不要完全中斷，**你的神遊干擾的程度，不會比努力喚回思緒來得高。**

對於如何反覆念那個公式，波都因與庫埃不同。波都因建議人們要「虔誠地」念，字字鮮明突出。這樣念無疑有其價值，但不幸的是，並非人人都習慣「虔誠」這種心態。一般人試著「虔誠」時，反而只可能變得造作。不過，即使是最成熟的大人，內心也仍然存在著一個孩子，重複念公式的「稚氣」模式，能讓人接觸到無意識的更深層次，那正是童心還存在的地方。庫埃的驚人成功就是透過這種方式獲得，波都因則因改變這點而適得其反。

毋庸置疑，這些指示和我們理想的「意識全面充滿心智」仍然有一段距離，但一開始這樣就夠了。最要緊的守則是**不要使力**，如果你遵循這點，就會本能邁向正確的態度。在開始之前先做個簡單的暗示，能加速無意識的適應過程。請對自己說：「我會反覆念這個公式，確保發揮最大效用。」這會帶出所需的條件，比任何運用意識的思維練習都有效得多。

早上醒來也要念

早上醒來時，先不要起床，請按同樣的方法反覆念公式。

這種規律性的重複正是南錫診所療法的基石，我們永遠不該忽略。在身體健康時，我們可以把它看成是一位使節，先一步上路，將未來可能出現的邪惡予以掃除。但我們應該把它看成一位教育家、一種令有害自發性暗示轉化的方法，否則這些自發性暗示會妨礙無意識，奪走我們的人生真義。

靜待無意識的作用

請帶著信念來念公式，念完時你的意識轉換過程就完成了，接下來就靜待無意識的作用。

請不要焦慮，你不必時時檢視自己有沒有改善的跡象。農夫並不會每天早上翻土檢查種子有沒有發芽，播種之後，他會靜待綠芽冒出地表。對於暗示，我們也應當如此。播下種子，並且相信心智的無意識力量會讓它開花結果，如果你的意識自我不去打擾，進展會更快。

請帶著信念來念公式！想要奪走誘導性自我暗示的力量，只有一個辦法，那就是相信它沒有力量。若你相信這點，它就會實實在在地喪失對你的力量。你的信念越強，結果就越震撼、越迅速；不過，只要你有充分的信念，**每天早晚反覆念這個公式二十遍**，你所渴望的成果不久就會印證在你身上，事實與信念也將繼續彼此加強。

玩玩「鐘擺測試」，見證一下信念的力量

信念仰賴著理智，而且必須有其根據。在誘導性自我暗示中，我們能為

信念引用什麼根據？早先提出的治癒病例因為不在你的經驗範圍內，你可能不以為然，但米歇爾—歐仁．謝弗勒爾（Michel-Eugène Chevreul）的鐘擺測試能用簡單的方式顯示：**一個思維所蘊含的力量能轉化為行動**。

請拿一張白紙，畫一個半徑約十二公分的圓，加上兩條呈直角相交的線ＡＢ和ＣＤ，兩者的交會點稱為Ｏ。線畫得越清楚越好——應該用黑墨汁畫成粗線。接著拿一條約二十公分長的棉線，把鉛筆或輕尺綁在一端，底端則綁上軍人制服用的那種重金屬扣。將紙擺在桌上，令直徑ＡＢ呈水平狀，直徑ＣＤ呈垂直狀，如下圖。

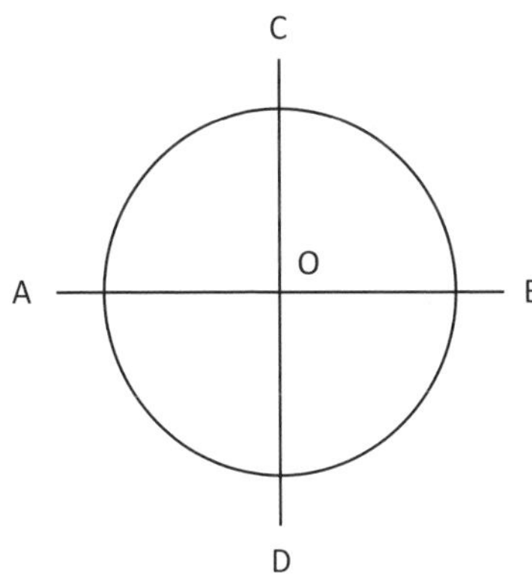

現在，兩手緊握著你的迷你釣竿，筆直站在桌前，讓金屬扣懸在Ｏ點上方。請別緊張，留意勿讓手肘貼著身體兩側。

請看著ＡＢ線，讓目光在Ａ、Ｂ兩點之

間來回，這時金屬扣會開始依你的心思沿著這條線游移，你的心思越輕鬆集中在這條線上，游移就越明顯。如果你「力圖」把持住鐘擺，在「努力反向法則」的作用下，金屬扣只會晃得更厲害。

現在，請集中目光在CD線上。金屬扣會逐漸改變游移的方向，往CD線移動。

允許它這樣游移片刻之後，請再將你的注意力轉到圓圈上，目光循著圓周一圈圈繞轉。搖擺的金屬扣會再次跟著你，依據你的心思順時針或逆時針移動。

經過一些練習後，你應該就能製造出一條直徑至少二十公分的圓形游移線，但你能不能成功，與你是否全神貫注，以及是否努力握住鉛筆不動的程度直接有關。

最後，請想著O點。游移的金屬扣會逐漸平靜，終至停止。

需要指出這些活動是如何造成的嗎？你想著那條線的心思進入無意識，

在那裡化為現實，因此你**不知不覺地**用手做出了難以察覺的動作，帶動了金屬扣。無意識經由你的手臂與雙手的神經及肌肉，自動實現了你的思維。這不正是誘導性自我暗示嗎？

第一次進行這個小實驗時，你最好一個人做，才能較客觀地進行。

• Chapter 8 •

特定暗示

改善明確問題點的輔助方法

通用公式關照我們的生活根基，深入我們的眼耳所不能及的深處結構；特定暗示則是對表面有用。透過特定暗示，我們能處理個別出現的問題。兩種方法互為表裡。

本章將勾勒特定暗示的運用，不過這些暗示的重要性比通用公式的暗示「每一天，每一天，我在各方面都會更好、更棒、更進步」來得小。庫埃的研究越深入，他就越完全相信，通用公式以外的其他一切都是次要。

為什麼如此？原因不難揣測。

在通用公式中，注意力完全集中在改善的念頭上，心思遠離了重重阻礙與干擾，專注在正向的目標上。然而，在進行特定暗示時，我們永遠是如履薄冰地被失誤與病痛所圍繞，碰觸到的主題永遠都會引發最痛苦的聯想。因此，我們的念頭沒有相同的創造性正向狀態。但無論如何，這是經驗的問題，**通用公式是整個療法的基礎，其他一切只是輔助**，這種輔助是有用的，但並不是達成主要目標的基本要件。

先讓無意識輕鬆露出

我們已經看到，每當我們放鬆身心控制、任心思馳騁，也就是流行話中的「沉思出神」或「做白日夢」時，就會露出局部的無意識。在進行特殊暗示之前，我們應該先尋求無意識的露出。但這裡要再次說明，我們必須當心別讓簡單的事情複雜化。

波都因會要我們實施一連串精密的準備步驟，然而，不管這些步驟對心理學學生有多少價值，卻只會令外行人分心，把注意力分散到這些機制上，只會損害創造性念頭的力量。

再說，這些步驟也會促使主體費勁達到其本質正好不能使力的狀態，就像因失眠所苦的人得要「用盡全力」才能入睡。

為了進行特定暗示，請進入一個不受打擾的房間，坐在舒適的椅子上，閉上眼睛，放鬆肌肉。

換句話說，請做得像你要睡午覺一樣。如此一來，無意識的潮水才能提升到足夠的高度，令你的特定暗示生效。

選擇正確的字眼

現在，請透過語言的媒介，喚起你所想達到的念頭。請告訴你自己，這些改善與進步都會發生。請不要花任何一點力氣來把這些念頭刻劃在心上，或逼迫自己把注意力放在上面。一定不能有任何緊張感，而是要有自在和放鬆感。

不過，這裡我們必須針對這些暗示的形式做出幾個提示。

別做有違心中欲望的暗示

我們永遠不應該讓信念承擔超乎其負荷的任務。像對失聰的人給出「我能聽得清清楚楚」這樣的暗示，確實有欠思維。

無意識在局部露出的狀態下，也不會完全切斷聯想，所以這種念頭無疑還是會喚起相反的聯想，因此我們做出的是有違心中欲望的暗示，最後只會招來失望，而對工具失去信念，也將奪走它產生效力的局面。

不要把注意放在擺脫錯誤的情況

再來，我們應該盡可能避免提到暗示所要對抗的任何病痛或難題。事實上，我們的注意力不應該放在擺脫錯誤的情況上，而應該用來培養相反的正確情況予以取代。

如果你容易神經衰弱，恐懼會經常占滿你的思緒。

這股恐懼縈繞不去，是因為你人格裡頑強的成分存留在無意識當中，並且透過無意識獲得畸形的滿足。換句話說，你的無意識享受恐懼所帶來的病態情感狀態。

如果成功驅逐恐懼，你可能會覺得不滿足，人生因而顯得空虛。過往的念頭會帶著承諾向你招手，不是真的為了快樂，而是為了那種情感和興奮。但假如你的暗示有正面形式，假如你用自信、勇氣、外向活動的念頭來充滿思緒，對人生光明而有活力的事展現興趣，病態念頭就會被逐出門外，門裡便再也沒有其容身之處。

無論是什麼樣的失調問題，我們都應該盡可能少去提到它，而把全副注意力集中在相反的健康狀態上。

我們必須存著「正念」，對願望的實現抱持信念，自認擁有那些我們所缺乏的成功特質。

我們必須存著「正念」，
對願望的實現抱持信念，
自認擁有那些我們所缺乏的成功特質。

請用「現在進行式」

基於同樣的原因，我們也絕對不應該採用帶有猶豫意味的字眼。

「我應該想要」、「我日後會試試」等用語一旦在無意識中化為現實，只會產生一種渴望或欲望的狀態，十分不同於我們所尋求的那種實際的身心調節狀態。

最後要特別注意的是，我們不應該將渴望達到的進步完全說成是「未來的事」。

我們應該向自己保證，改變已經開始了，而且會越發迅速地持續運作，直到我們完全達到目標。

三階段暗示

以下幾個特殊暗示的例子，或許能證明有用。

- **失聰的人**：閉上眼睛，放鬆身心後，請對自己說類似這樣的話：「從今而後，我的聽力會逐漸改善。每一天我都能多聽見一點。這種改變會漸漸加快，經過一段不長的時間後，我的聽力會變得很好，而且直到我的生命終點一直如此。」
- **受苦於毫無來由的恐懼與預感的人**，或許可以這麼說：「從今以後，我會越來越明顯地意會到一切快樂、正面而愉悅的事，進入我腦海的思維會是強壯而健康的思維。我的自信心會一天天加強，我會相信自己的力量，同時其能量也會越來越強，我的生活會變得更平順、更輕鬆、更光明。這些改變會一天比一天深刻，在很短的時間內，我就會提升到人生的新境界，所有過往糾纏我的困擾都會一掃而空，永不復返。」
- **記憶力差的人**或許可以用這些話來因應：「從今天起，我的記憶力會在各方面改善。我所接收到的印象會越來越清晰、越來越明確。我會自動保留住它們，而且不費吹灰之力；當我希望召喚它們時，它們會立刻以正確的形式呈現在我的腦海裡。這種改善會迅速完成，很快我的記憶力就會比以往任何時候都好。」

- **焦躁與壞脾氣**很容易受自我暗示影響，也許我們可以這麼處理：「從今以後，我的脾氣會一天比一天好。鎮定與快活會成為我的正常心境，在很短的時間內，我就會以這種精神來面對生活中的所有小事件。我會成為身邊人喜悅與助力的中心，以我的好脾氣來感染他們，而這種快活的心情也會變成習慣，任何影響都無法奪走。」
- **氣喘**是種困難且仍讓一般醫療方法頭疼的疾病。然而，在庫埃的經驗裡，氣喘對自我暗示療法的反應十分良好。移除氣喘的特定暗示可以採這種形式：「從今天開始，我的呼吸會越來越輕鬆。在我不知不覺中，我不費一絲力氣，身體機能就會進行所有必要措施，來完全恢復肺部與支氣管的健康。該做的事我都能完成，不會有任何不便。我的呼吸會變得自由、深入而令人愉悅。我會吸進所有純粹帶來健康的必要空氣，我的整個身體系統因而獲得活力與能量。再來，我也會睡得安靜祥和，並獲得最大程度的活力與休息，醒來時心情快活，愉悅地期待當天的工作。這個過程已經從今天開始，在很短的時間內，我就會完全且永久地恢復健康。」

大家可以察覺到，上述每一個暗示都包含三個階段：一、改善的立即起步；二、迅速進展；三、完全與永久的康復。

當然，這並不是非如此設計不可，但這種程序很方便，只要能派上用場就應該運用。

這些例子是給新手剛開始進行自我暗示時參考之用，在往後的暗示中，「從今以後」等用語都該改為改善已經開始了的字眼。因此，在氣喘患者的例子中，句子應該改成：「我的呼吸已經輕鬆多了。」諸如此類。

特定暗示的價值雖然比起通用公式來說是次要的，但有時也頗有貢獻。**通用公式關照我們的生活根基，深入我們的眼耳所不能及的深處結構；特定**

暗示則是對表面有用。透過特定暗示，我們能處理個別出現的問題。兩種方法互為表裡。

成功完成任務的暗示技巧

經過證明，特定暗示能有效加強戰勝痛苦的技巧所帶來的效果，並使之恆久不變，這點會在下一章說明。

在出擊之前，我們應該先坐下，閉上眼睛，平靜而且自信地告訴自己：「我現在要來擺脫那個病痛了。」

得到所想要的結果後，我們應該接著暗示自己，那種舒適與無痛的狀態重新確立後便恆久不變，受影響的部位會迅速強壯起來，直到恢復正常健康的狀況，而且會永遠都保持在那個良好狀態。

如果只達到將問題減少的程度，但無法完全解決問題，那麼我們的暗示應該採用這種形式：「我已經得到大幅度的舒緩，接下來幾分鐘，我將完全康復。我會恢復正常健康的狀況，而且未來也將持續如此。」如此一來，我們就能在最好的條件下對病痛出擊，最後成功克服每種病痛。

我們也應該運用特定暗示來克服日常生活中不時遇見的難題，並確保手邊的任務順利達成。

通用暗示的運用會日益加強我們的自信心，直到所有合乎常理的任務都可望成功達成。不過，在達到成功的巔峰、自信心的平衡足以因應一切需要之前，我們還可以預支一點特定暗示來因應眼前的需要。

我們已經看到，任何阻礙的大小不僅取決於其內在的困難度，面對難題的心理態度也同樣重要。

神經衰弱患者想像自己無法起身下床，他做不到，是因為這個簡單的動作被他的心智賦予了龐大的困難度。有很大一部分正常人多少也會犯下這種錯誤，他們的精力有一部分耗費在日常工作上，一部分則用來克服心裡的抗拒。在「努力反向法則」的作用下，他們心裡存著的負面念頭往往令他們功虧一簣，越努力就越導致他們的失敗。

基於這個理由，在進行任何看似困難的任務之前，我們必須暗示自己，事情其實很容易。

請閉上眼睛靜靜對自己說：「我所要做的這個工作很簡單，非常簡單。因為很簡單，所以我做得到，我會很有效率地成功完成任務。不僅如此，我也會享受這個過程，這份任務會帶給我樂趣，我整個人都能順利適應這個任務，甚至結果也將出乎我意料地好。」我們應該專注於這些念頭，平靜而不費力地反覆念這些字句。

不久，我們的心就會沉靜下來，充滿希望與自信。然後，我們要想出一套步驟方法，讓心思停留在最適合達到目標的途徑上。既然現在恐懼與焦慮所製造的障礙都已移除，我們的念頭就能自由飛翔，計畫會在內心深處逐步成形，我們終究能以創造性的活力專心一意地實地進行任務。

遇到困難時，就暫且擱下

透過類似的過程，意識思維所無法解決的行為問題，往往也能臣服於自我暗示。

當我們想找出擺脫困境的最好途徑，卻如成語所說般「黔驢技窮」，似乎很難從彼此牴觸的可能性中做出抉擇時，繼續掙扎不但無用，甚至會帶來反效果。在「努力反向法則」的作用下，我們的心智功能遭到麻痺。我們應該暫且把事情擱在一旁，讓努力的潮水退去，並在某個特定時間點對自己暗示，船到橋頭自然直。

如果方便這麼做，**在這時插入一段睡眠更好**，你可以暗示自己，到早上解答就會出現，因為在睡夢中，無意識就能毫無干擾地用自己的方式實現我們的意識所設下的目標。

這段過程通常是自動運作，前一夜懸而未決的問題，隔天早上起床時就在靈光乍現中獲得明顯的解答。「先睡一覺再說」仍然是給苦惱不已的人最好的建議，但他們在入睡之前，應該先做正面的自我暗示，對自己說隔天醒來就會找出解決難題的辦法。

說到這裡，有趣的是，人們早就經常用自我暗示來讓自己在某個特定時刻起床。入睡時心裡想著希望起床的時間，於是就真的在那個時間起床了。我還可以補充一點：不論是在哪裡運用睡眠來實現某個特定暗示，都應該加上通用公式，緊接在特定暗示的前後都好。絕對不能用特定暗示來取代通用公式。

不定期病痛發作時的暗示法

至於抽搐等某些毛病，由於會出其不意地突然發作，所以病人還來不及防禦就被擊倒了。

特定暗示首先應該確保症狀發作前，病人會獲得警告。我們可以運用下列字句：「未來我永遠會事先知道症狀即將發作。發作來臨前，我會獲得充分的警告。警告出現時，我不會感覺恐懼或焦慮。我十分有把握，自己有能力避開。」警告一旦來臨——幾乎肯定會出現——病人應該找個地方獨處，運用特定暗示來防止發作越演越烈。他應該先暗示自己會平靜下來，能掌控自己，接著反覆確認自己正在回到正常的健康狀態、心智已經完全受到掌控，而且沒有任何事能干擾這種平衡。當然，暗示時請不要費力。

所有讓我們猝不及防的突然發作，都應該以同樣的方法處理，庫埃的經驗已經充分證明了這種方法的療效。

神經失調與恐懼、憤怒等強烈的情感，往往會經由身體動作表達出來。恐懼可能會造成顫抖、心悸、牙齒打顫，憤怒則讓人激動地握緊拳頭。波都因建議，對這些病例的特定暗示應該針對肌肉表現，而不是心理起因，他認為我們的目的應該是培養身體進入無動作的狀態。但是，因為正面暗示的力量比負面暗示更強大，同時攻擊起因與效果似乎會更好。請暗示自己感受到同情、耐心與善意，用這點來取代憤怒，如此一來，你的身體狀態就會自然而然地放鬆下來。

單一字眼暗示法

有一種自我暗示，本身擁有鮮明的優點，只需靜靜地反覆念單一字眼。如果你心不在焉，思緒混亂，請坐著閉上眼睛，緩慢而深沉地喃喃說出「靜下來」這個詞。請虔誠地念，完整地發音，每重複一遍就停頓一會兒。你的心會逐漸沉靜下來，充滿和諧與平靜的感受。

這種方法似乎對重獲道德品性最有效，**運用帶有相反品性含意的詞彙，能夠平息邪惡的激情**。那個詞彙的力量有多少，取決於其美學與道德聯想。喜悅、精力、愛、純粹等字眼都表示著人類心智的最高理想，具有充沛的力量，能在暗示中用來驅離被相反特性支配的心境。波都因漫不經心地用「反思性暗示」（Reflective Suggestion）這個詞來稱呼主體所主動選用的所有自我暗示，但或許也可以專門用來稱呼這種特別的特定暗示形式。

在實務上，特定暗示的運用範圍可謂無窮無盡，只要你覺得自己需要一點進步，不論是什麼性質的進步，特定暗示都幫得上忙，但這裡必須再提醒大家一次，這些特定暗示只是提供協助的輔助品，如果你沒有餘暇，忽略也無妨。

• Chapter 9 •

如何對付疼痛？

讓一定思維占據心思，減少反向聯想

我不會想著疼痛，為自己添麻煩。

疼痛，不論是心理或生理的疼痛，會帶來令我們猝不及防的新成分。它會獨占我們全部的注意力，令意識完全提高警覺，因而無法達到無意識能夠出現的程度，導致難以成功啟動自我暗示。因此，如果這時我們將「無痛」的念頭引進意識，意識會被相反的念頭「疼痛」所占滿。如果因而產生任何效果的話，那就是病人的狀況惡化了。

實現「不痛」思維的關鍵詞

為了克服這個難題，我們需要一個新方法。

如果我們要說出一個思維，在脫口而出的瞬間，那個思維一定占據著我們的心思，若心裡沒有想著那個思維，就無法說出口。當病人嘴裡反覆念著「我不痛了」，他的心裡也會反覆想著這個念頭。不幸的是，每一次重複，疼痛的思維也會暗中滲入，因此心思會在「我不痛了」和「我有一點痛」或「我痛得厲害」之間搖擺。

但如果我們「迅速」反覆念這個句子，相反的聯想就來不及插入，我們就能迫使心智停留在這上頭。因此，透過這個新途徑，我們能達到和誘導性無意識露出時同樣的目標，讓念頭持續占據心智，而不喚起相反的聯想。我們發現這是讓無意識接納念頭最主要的條件，事實上，藉由這種方法，我們能迫使無意識實現「不痛」的思維，因而終結疼痛。

但是，「我不痛了（I have no pain.）」這個句子用英文唸起來並不容易快速重複。這在生理面的問題太過強大，唇舌會在音節上打結，必須停下來重新順過。而且就算我們口齒伶俐，足以成功地清晰發音，還是會遇見另一個問題。因為這個句子裡最有力的字是「痛」，我們會發現自己不自覺地特意強調這個字，因而在心裡加強了我們試圖移除的這個念頭。

如果盡量貼近庫埃的步驟，效果應該會最好。他所用的法文原句是「ça passe（過去了）」，當中沒有提到疼痛。這個句子念起來極簡單，音節連貫不中斷，就像機器的嗚嗚聲或靠近聽昆蟲撲翅的嗡嗡聲，也讓心智來不及反向思考。波都因所建議的句子「It is passing off.（正在過去）」就沒有這種效果，事實上還因為無法迅速重複，所以牴觸了我們所有意圖。整體來說，最適切的英文版本似乎是「It's going.（過去了）」，只有「going」應該反覆念，治療的最後應該以「gone!（結束了！）」劃下有力的句點。急促反覆念「going（過去了）」會產生一種鑽孔機難以抵擋地鑽進某個堅硬物體的印象。我們可以想成，它正讓我們所想的思維鑽入心智。

如果你正遭受強烈的疼痛，例如牙痛或頭痛，請坐著閉上眼睛，靜靜向自己保證，你會擺脫疼痛。現在，請輕輕撫摸患部，同時盡快反覆念這些字，產生一種連續不斷的聲音：「It's going, going, going … gone!（都過去了，過去了，過去了……結束了！）」就這樣念一分鐘，直到需要換氣時才停下深呼吸，在整段過程的最後才說「gone（結束了）」。到這個時候，疼痛如果不是已經完全消失，就是起碼可以感覺到舒緩。

無論是哪一種，此時請運用前一章所建議的特定暗示。如果疼痛已經消失，就暗示自己它不會復發；如果疼痛只是減少了，那就暗示自己，不久後它就會完全消失。這時，請回到疼痛開始前你所正在做的工作上，讓其他事占據你的注意力。如果經過一段合理的時間，例如半小時後，你還是受疼痛所擾，請再次找地方獨處，再暗示一遍你能掌控它，並重複這套程序。

這套程序能征服所有疼痛，這樣的說法並不誇張。在極端的例子中，你**或許必須出擊好幾次**。通常會發生這種情況，是因為你不明智地為疼痛提供了起因——爛牙、受涼等——因而向理智提出了疼痛的辯詞，令疼痛獲得智力的認可。或者疼痛雖然會中止，但又會復發。不過別氣餒，堅定地出擊，

疼痛難耐時，輕輕撫摸患部，同時盡快反覆念：
「都過去了，過去了，過去了……結束了！」
直到產生一種連續不斷的聲音，這樣念一分鐘，
直到需要換氣時才停下深呼吸，
在整段過程的最後說「**結束了**」。

你一定能成功。同樣一套程序，拿來應付心煩、憂慮、恐懼、消沉等心境也有效。在這類例子中，手的撫摸動作應該用在額頭上。

即使是這段操練，也只要謹守必要的本分就好，其他不應多做。只要迅速反覆地念「過去了」，告訴自己問題正在消失，搭配手的撫摸動作，讓注意力放在特定部位就好，那就是你唯一所要做的全部事情。經過練習，事情會變得簡單，你會「不知不覺就位」，也就是說，無意識會做出必要的調整來加強效率。過一段時間後，你就應該能在二十到二十五秒內獲得紓解。但效果還會更深遠，你會重獲自由，不再恐懼疼痛。請將自己看成是疼痛的主宰，只要一對疼痛做出予以治療的威脅，就能避免疼痛萌生。

在公共場所疼痛發作時……

你有可能在街頭或其他公共場所被疼痛襲擊，而以聽得見的聲音反覆念暗示可能會引來異樣眼光。在那種情況下，你最好閉上眼睛一會兒，心裡想著這個特定暗示：「我不會想著疼痛，為自己添麻煩；我的心會被其他事情占滿，但一抓住機會，我就會令它離開。」然後，一等方便的時候，你就運用這句暗示：「It's going.（都過去了！）」

當你變成能嫻熟運用這種形式暗示的專家時，就能在心裡反覆念句子，只需用唇舌來驅逐問題就好。但初學者在剛開始那段時間，仍應完全仰賴有聲的治療，太早改成默念，結果只會令自己失望。

連反覆念「都過去了」的力氣都沒有時……

有時會發生的情況是，病人被疼痛或苦難擊倒在地，連反覆念「都過去了」的力氣都喪失殆盡。他的心縈繞著痛苦的思維，無痛狀態似乎遙遠得難以想像。

在這種情況下，似乎最好採用這種策略：請躺在床鋪、沙發或躺椅上，**讓身心放鬆下來**。什麼力氣也不要出——這通常只會令事情變得更糟——**讓疼痛的思維自行其是**。過一段時間後，你的力氣會開始集中，心智重新獲得掌控力。這時請堅定地暗示自己會成功，並開始運用療法。

請像庫埃幫助他的病患般讓另一個人來幫你，用手來回撫摸患部並和你一起重複念句子。這麼做能確保你成功。這種看似矛盾的過程類似垂釣者的「戲魚」，等魚游了一陣子後，他才開始採取積極進攻步驟。

波都因也建議用類似的過程來對付失眠。他說，病人應該快速地反覆念這個句子：「I am going to sleep.（我要去睡了）」，讓他的心淹沒在連珠砲似的字句中。此時問題再次出現，「I am going to sleep.」並不是能反覆念得很快的句子。但即使我們用比較簡單、比較容易發音的句子來取代，還是會令人懷疑成功的例子可能只有寥寥幾個。運用上一章提到的那種反思性的重複暗示法，比較可能成功。我們應該擺出最適合入睡的姿勢，接著緩慢而凝神地反覆念這個字：「睡」。我們的態度越不帶感情，這個念頭就越能迅速地落實進入睡眠。

庫埃治痛療法會妨礙身體發出警訊嗎？

疼痛是危險信號，通知我們身體的有機系統出了毛病。因此，有人反對庫埃驅逐疼痛的做法，認為這樣做會奪走初期病痛所提報的珍貴警訊，因而允許某些失調問題在不知不覺中增長。如果庫埃的療法預防了疼痛的出現，這樣的說法就是對的，不過事實並非如此。

這種療法是在疼痛出現後才將之移除，也就是說，是在身體發出警訊之後才移除疼痛。就算技巧純熟完美，我們應該還是會意識到疼痛的迫近，只是能防止其越演越烈，盤桓不去。在所有這些事件中，我們都必須謹慎小心。只要有一點偏頭痛就跑去看醫生的人，很可能會變成疑病患者，但忽略疾病到來的顯著症狀者，做法同樣不令人讚賞。疼痛來臨時，無論如何都應該予以移除，假使情況令人疑心有重大病症的存在，就應該諮詢醫師，而如果恐懼成真，那就應該以醫療及自我暗示療法雙管齊下地解決失調問題。

然而，疼痛往往無法教會我們什麼。傷口或瘀青的持續折磨非但沒有實際價值，反而會嚴重妨礙治療。J・A・赫德菲（J. A. Hadfield）博士[9]曾說：「疼痛的消除是治療的一大助力，所以如果心智能消弭疼痛，對治癒器質性疾病將有實質幫助。」這完全與庫埃的經驗一致。他發現上文所描述的技巧能發揮良效，不只能消弭疼痛，更能消弭疼痛的起因，藉由改善造成疼痛的病理狀況來消除疼痛。

9 參見文章〈The Mind and the Brain〉Immortality，第五十一頁。

如果**心智能消弭疼痛**，對治癒器質性疾病將有實質幫助。

Chapter 10

自我暗示與兒童

隨生命成長改變進行方式

給兒童的自我暗示是為了幫助他們健康成長，應該要每天定時進行！

治療兒童時應記得，自我暗示主要不是一種醫療，而是一種確保兒童健康成長的方法，不應該特別用在孩子生病的時候，而是應該每天像三餐一樣定時進行。

◉兒童長成虛弱的體質，不是因為缺乏精力，而是因為浪費和誤用了精力。

我們所謂成長的持續適應過程，一定會帶來內在衝突，而這種衝突往往不必要地劇烈，不僅僅對兒童的生命精力造成短暫但龐大的消耗，甚至會以

「情結」的形式令精力受無意識牽制，因而奪走了他未來人生中應有的一部分活力。

自我暗示的明智運用能阻止這些災難。兒童的成長將變得有條不紊、按部就班。必要的衝突會成功出現，不必要的衝突則能避免。

自我暗示可以早在孩子出生前就開始進行。

常識告訴我們，母親懷孕期間必須避免接觸任何震撼或驚嚇的經驗，因為這對生長中的胚胎會產生有害的影響，在極端的情況中也許會導致流產，或造成孩子的生理畸型與心智脆弱。

這類不良效應的例子相對常見，而其因果間的關聯往往再清楚不過。[10] 我們不需要指出，這些例子不過是自發性自我暗示在母親無意識中的運作結果，因為在懷孕期間，母親不僅用吃下的食物哺育孩子，也以自己腦海中的思維來滋養孩子。

這種狀態所特有的情感高度增加了無意識露出的傾向，進而增加了孩子

容易受暗示的程度，因此這時的自發性自我暗示，遠比在正常的人生歷程中進行的暗示更有力。

不過可喜的是，誘導性自我暗示也有同樣的輔助條件，因此就和無知的母親所造成的傷害一樣，體悟到自己力量與職責的母親，也能帶來同樣有力的正面影響。

撇開有沒有可能預先決定胎兒性別等具爭議性的問題，我們能從自我暗示療法中找出許多有用的方法來幫助並嘉惠成長中的生命。

做母親的應該異常小心，不論是閱讀或會話，都要避免接觸任何形式的邪惡主題，同時多去追求能振奮人心的任何事物，並且賦予其美麗而喜悅的思維。

此外，自我暗示的技術性方法，也能發揮一份力量。

10 參見夏爾・波都因的《暗示與自我暗示》，第九十二～九十五頁。

胎兒時期要透過母體傳達暗示

做母親的應該暗示自己，她的身體系統正在為成長中的生命提供一切所需養分，孩子的身體、心智與性格都會健康強壯。這些暗示應該採用廣義詞彙，蘊含著不容置疑的良善個性，因為用太狹義的詞彙來定義一個獨立的生命顯然不適當。只要幾句暗示就好，而且應該緊接在通用公式前後日夜進行。此外，當白天母親的思維游移到孩子的主題時，她可以藉此機會全部或部分重複她所選用的特定暗示。這幾個簡單的步驟就很充分了。

◉**我們不鼓勵把思維過度集中在孩子身上，就算是好的暗示也不例外。**

正常的心智生活本身就是最有利母親與胎兒福祉的條件。不過，為了母親本人好，她可以暗示自己能輕鬆無痛地分娩。

給剛出生孩子的暗示法

孩子出生後頭幾個月，唯一直接的暗示方式是愛撫，不過必須記得，母親與保母已經在將自己的心境銘印在孩子幼小的心靈，不可避免地會產生或好或壞的影響。如果出現任何特定問題，母親應該運用考夫曼小姐的方法，將孩子抱在膝上，一邊溫柔地撫摸患部，一邊想著他會完全康復。一般來說，可以建議你用語句來表達這些思維。語句本身顯然對兩、三個月大的嬰兒完全沒有意義，但它們會循正確路徑吸收母親的思維，母親的語氣、手的觸摸，都會將思維傳達給孩子。

我們無須探究這個過程中有無心電感應的作用，嬰兒的心理和生理都完全仰賴母親，因此母親的心境能藉由這種對成人並不奏效的途徑來傳達。

◉愛本身發揮著最高層級的暗示力量。

利用夜間暗示了解母親話語的孩子

牙牙學語前的孩子顯露出了解母親話語的跡象時，就應採用以下方法。

小寶貝夜裡睡著後，請母親進入他的房間，照顧但不要喚醒他，並站在離嬰兒床床頭約一公尺的地方。接著，請以耳語輕輕念出似乎必要的暗示。

假如孩子生病，暗示應該採用「你的健康正在好轉」的形式，並反覆念二十遍；如果他很健康，那麼通用公式就足夠了。也可以針對孩子的健康、性格、智能發展等進行特定暗示，當然，這都應該遵循特定暗示那一章所提出的指示。

離開房間時，**母親應該要再次小心別吵醒孩子**。如果孩子有醒來的跡象，就耳語幾次命令他「睡」，便能再度哄他入眠。波都因建議，在進行這些暗示的時候，母親應該把手把放在孩子額頭上。不過，庫埃比較偏愛使用前述的做法。

這種夜間暗示是給孩子的心智傳達自我暗示最有效的方法，應該養成固定習慣，不允許任何中斷。

如果基於任何理由，做母親的無法施行暗示，可以請父親、保母或親戚代勞。不過，出於明顯的原因，這是母親的專屬職責，當暗示進行幾個禮拜，開始顯現出慈愛的力量後，很少有母親會願意委派比她不適任的代理人來進行暗示。

如上所述，這項工作大可以在孩子實際學會說話之前就開始進行，因為他的無意識已經開始形成系統，多少能辨認出語音的重要性，不會錯失話語的整體要旨。停止進行暗示的時機則不容易判定。成長與健康都必須逐漸朝獨立與自足邁進，夜間暗示進行得太久，似乎有一點危險，也許會過分延長孩子對父母的依賴。然而，我們可以從孩子身上找到可靠的指標。孩子一旦能自己面對日常問題，不再遇到小事就尋求父母幫忙或建議時，就到了父母停止暗示的時刻。

為開始說話的孩子導入成人版暗示法

孩子一旦開始說話，就應該教他們同樣採用成人的方式，日夜反覆念通用公式11。如此一來，父母的暗示停止的時候，暗示的效果就能延續到孩子自發進行的暗示中。

再補充一點：如果是男孩，似乎在七、八歲時由父親來取代母親擔任暗示者較好；如果是女孩，當然從頭到尾就由母親來進行暗示。如果青春期出現了任何過分的困難或危險的跡象，或許可以回頭進行夜間暗示，以特定暗示來因應特定難題。然而，必須記住，孩子的性問題基本上與成人不同，因此暗示的內容必須用最廣義的詞彙來說。如同其他方面，這裡的暗示只要提目的就好，其他就留待無意識來自由選用方法。

孩子一學會說話，就不應該允許他遭受痛苦。

最好是採用庫埃看診時的方法。請讓孩子閉上眼睛，和父母一起反覆念：「過去了，過去了，過去了……結束了！」同時父母溫柔撫摸其患部。但只要可能，就應該鼓勵孩子自己克服小問題，直到最後父母幾乎能不再插手為止。這是培養其自立的有效方法，能增加他面對難題的優越感，對往後的人生極為寶貴。

以下的例子同樣來自庫埃所收到的信件，信裡的孩子們便欣然採用自我暗示療法：

「您最年幼的門徒是我們的孩子大衛。可憐的小傢伙今天出了意外，和爸爸坐升降梯時，從一百二十幾公分高的地方摔出去，頭朝下撞到硬石子地板，起了一大片瘀青，還飽受驚嚇。晚上上床時，他躺著不動，嘴裡一遍遍直念『ça passe, ça passe.（過去了，過去了）』然

11 對孩子來說更有韻律的公式是：「每一天，每一天，我在各方面都在長大，變成更好的男孩（或女孩）。」

後他抬起頭說：『不，沒有消失。』今晚他又再度重複：『ça passe.』接著說：『幾乎消失了。』於是，他就好多了。」

——B．K．（倫敦），一九二二年一月八日

另一位女士寫道：「我們廚師的小姪女，二十三個月大——我們曾治好她的支氣管炎——昨天很嚴重地撞到了頭。她沒有哭，反而微笑著把手放在頭上，甜甜地說：『ça passe.』她是不是被教得很好？」

所有這些方法都極為簡單，不需要花太多時間，更不需要花費任何一毛錢。它們已經在南錫診所一再證明了效用，只要是智力與細心程度中等的母親，沒有理由不能獲得同樣的好結果。

當然，一開始嘗試會有一點笨拙，但請不要因此氣餒。就算因為費力而造成了些許傷害——其實機會應該不大——也不需要恐慌，正確的自我暗示不久就會予以抵銷，並產生正面的好處來取代。

不過，任何一位能成功為自己進行自我暗示的母親，都能為孩子正確施行暗示療法。

乍看之下，這套程序似乎大刀闊斧，但多思考一下就會發現，這和山川一樣久遠。這不過是把母親們自盤古開天以來就本能運用的方法，進行有科學基礎的系統化。「睡吧，寶貝，睡吧，天使們會看顧著你。」這不正是特定暗示嗎？孩子摔倒擦傷手的時候，明智的母親會怎麼做？她會說出這類句子：「我親一親就好了。」她親了親小手，保證疼痛已經消失，孩子聽完後便高高興興地跑回去玩耍——這只不過是另一種動人的撫摸法。

· Chapter 11 ·

自我暗示的未來走向

找到內在的無限力量

不論其性質和病情的輕重，自我暗示應該運用在每種病痛上。

誘導性自我暗示不能代替醫療實踐，不會令我們長生不老，也無法讓我們完全不受生活常見的病痛侵襲。當暗示療法所有的含意都實現，所有資源也都獲得發掘時，我們很難說未來它能做到什麼。毋庸置疑，在其準繩下成長的世代，會與今日充滿病痛的這一代人大不相同。然而，我們眼下的目標是——改善此刻。

自我暗示與醫療手段並進

在今日成人的無意識中，記憶裡塞滿了一大堆從兒時累積至今的不良暗示。誘導性自我暗示的第一個任務就是**清除這堆心智雜物**。直到這項任務完成，人才能**真正顯露自我**，自我暗示的創造性力量也才會開始浮現。

運用這個療法，我們每個人就應該能期待疾病從人生中逐漸消失，但暗示的分量應該多重，要取決於我們剛開始的條件及執行的規律性與正確性。疾病如果降臨，我們的心智擁有驅逐它的有力方法，但從外而內摧毀疾病的補充療法也不會因此失效。自我暗示與平常的醫療方法應該攜手並進，彼此補強。如果你生病了，請像從前一樣致電給你的醫師，但同時也運用誘導性自我暗示的策略來加強並延續醫師的治療效果。

說到這裡，我們必須強調，**不論其性質為何，也不論病情輕重，自我暗示應該運用在每種病痛上**。每種疾病都會受心智的行動而加強或變弱。我們無法採取中立姿態，如果不是允許心思盤旋在病痛上，從而幫助疾病摧毀自己，就是必須抵抗它，用一連串健康的動力思維來摧毀它。但是一般人實在太常自動走上前一條路。

一般認為只有機能性與神經性病症容易受暗示療法影響，但這與事實有所出入。庫埃在三十年來的職涯中治療過數千名病例，他發現器質性問題與機能性問題一樣容易受暗示療法影響，而生理失調甚至比神經性與心理問題更容易治癒。他沒有做出兩者的區別，疾病就是疾病，不論其性質是什麼。庫埃就是以這種態度來出擊，在百分之九十八的病例中，他都獲得了或多或少的正面成果。

有永久性精神錯亂的人，內心的自我暗示機制已經失常，除了這類病例之外，只有兩種病人似乎不受誘導性自我暗示的點化：一種是智力過低的人，他們永遠無法了解指示的內容；另一種是缺乏自發性注意力的人，就連幾秒鐘他也不願意把心思放在某個念頭上。然而，這兩種人的數量都很少，加起來也不過就是所有病人的百分之二。

自我暗示也能為外科醫療提供寶貴的協助。以懷疑論者的最後對策「骨頭斷裂」來說，當然無法只用自我暗示來治療，必須請外科醫師來處理。但當手腳已經正確矯正，也採用了必要的器械性預防措施後，自我暗示就能為康復提供可能的最佳條件，防止瘸跛、僵硬、難看的畸形和斷肢所容易帶來的其他傷害，並大幅縮短正常的癒合時間。

不只移除病痛，更重要的是清除致病傾向

有時候會聽見人們說，自我暗示的成果不會長久，這種反調實在毫無根據，這等於是說我們忽略了自我暗示的真正本質，只把它看成是一種療方。我們運用自我暗示來治療疾病時，目的是為無意識注入健康的思維，不僅要驅逐那個特定的疾病，也要驅逐所有其他的相關問題。自我暗示不僅應該移除特定的疾病形式，更要去除所有致病傾向。

如果病痛移除後，我們又允許心智轉向不健康的思維，那麼這個思維就容易和其他思維一樣，在無意識中化為現實，於是我們或許又會再度落入健

康欠佳的境地。我們的病痛或許會和前一次的形式相同，也或許不會，要看我們的思維性質而定，但通用公式的定時運用能防止任何這類復發。我們不會回到那種不健康的心境，而是逐步加強健康與創造性的思維，那個思維已經帶給了我們健康，接下來的每一天，我們的抵抗力還會變得更強健不衰。不但能避免疾病復發，還能清掃眼前的道路，讓未來不再出現疾病。

我們已經在南錫診所看見，有些病人幾乎是當場就被治癒。然而，如果進行誘導性自我暗示時，心裡想著自己會在幾天內奇蹟地康復，那就錯了。但只要有足夠的信念，毫無疑問一定會達到這種成果，不僅如此，我們曾記錄了不少這類病例，甚至不需要第二個人的協助就能成功。

以下就是一個例子，我的朋友埃爾伯．P（Albert P.）來自波多爾，十多年來都有顏面神經痛的問題，聽說庫埃的療法後，他寫信給庫埃，並收到反覆念通用公式的指示。他照做了，第二天神經痛就消失無蹤，從此未再復發。但這種信念並不常見，立即康復的情況是例外，我們還是期待有逐步進展的改善比較安全，才不致失望。可以補充的是，庫埃也偏好逐步治癒，他發現這樣的結果比較穩定，也比較不會發生有害狀況來加以干擾。

自我暗示是一種修煉

我們應該以面對任何其他科學發現的理性姿態來面對自我暗示。其中沒有花招，也沒有經驗所不能證實的任何陳述。但我們最該留意的是一知半解的半吊子，他們習慣把人生要事全當成可和鄰居在餐桌上交換的小硬幣。

自我暗示必須像宗教一樣修煉。有些人或許熟悉基督教的所有信條，卻不學無術；有些人心思單純，摯愛上帝與親友，雖然對神學一竅不通，卻或許能將基督教的高等法則融入生活。自我暗示也是如此。

自我暗示在治療道德缺陷方面，和治療身體問題同樣有效。酗酒、偷竊癖、毒癮、無法控制或變態的性欲望，還有性格上的小缺失，都容易受自我暗示影響，不論大小事都很有效果。藉由特定暗示，我們可以修正自己的品味，對本來不喜歡的菜產生胃口，讓苦藥變得順口。由於用在道德領域頗有療效，庫埃正嘗試將療法帶進法國國家感化院。到目前為止，官方抗拒革新的態度確實造成了阻礙，但我們有很好的理由期望，在不久的未來，這套療法會大量用來治療犯罪者。

為因應可能出現的反對聲浪，或許可以說庫埃的誘導性自我暗示療效絕對不比催眠暗示來得差。庫埃本人一開始也是催眠師，但因為對效果不滿意，所以才開始尋求更簡單而普遍的方法。除了方便，這種有意識的自我暗示還有一個地方比對手強。催眠暗示的效果往往在治療的幾個鐘頭內就會消失，但通用公式的運用卻能讓誘導性自我暗示的效果逐步增強[12]。

12 催眠所產生的心智假性解離狀態是否無害而適當，學者專家們尚未達成共識。本書所描述的自我暗示療法，因為運用的是入睡後無可避免出現的正常解離狀態，所以不受基於這類依據的反對侵擾。

這裡我們再度碰到暗示者的問題。我們已經了解，暗示者並非必要，在沒有旁人協助的情形下施行自我暗示，也能夠淋漓盡致地發揮效果。但有些人無法完全說服自己接受這個事實。他們有種匱乏感，舊有的錯誤暗示已經堆得像山一般高，他們覺得自己沒有能力移除。在這種情況下，暗示者的存在無疑是一種協助。受暗示的人只要被動地躺著，接受他所喚起的念頭就好，別的都不用做。然而，儘管如此，除非他們同意反覆念通用公式，不然作用也不大。

但是，一旦我們把自我暗示看成療方，就會錯失其真正意義。自我暗示主要是一種自我修為的方法，而且遠比我們迄今所擁有的一切方法更有力。自我暗示能讓我們培養自己所缺少的心智品質：效率、判斷力、創造性的想像力，亦即能協助我們將人生事業帶往成功的所有特質。

我們大多數人都會意識到自己的能力受挫、力量未能發揮、衝勁遲滯不前。這些潛力都存在於我們的無意識中，卻像森林裡的樹木般被四周的樹枝遮蔽，因為缺乏空氣與陽光而無法成長。藉由自我暗示，我們能供給它們成長所需的力量，帶領它們在我們的意識生活中開花結果。不論我們的年紀多大、身體多虛弱、個性多自私，不論我們是軟弱還是邪惡，自我暗示都能盡一分力，給予我們自我修為與培養紀律的全新方法，為「不成熟的特徵」、「不明確的目標」栽培力量，並刨出邪惡衝動的根。基本上，這是一種個人實踐，一種個人的心智態度。

只有狹隘的觀點才會將這種態度分門別類，爭辯要用在這個還是那個領域。這種心智態度會觸及我們生存的整體。自我有其歸宿、名稱、習慣、看法與怪癖，在這個千頭萬緒的渺小自我底下，則是一片力量的海洋，和洶湧波濤底下的深海一樣寧靜祥和。

無論自我意識的稜鏡如何予以扭曲，你的本性不管是什麼樣子，最後都會顯露出來。自我暗示是一種管道，能將這種終極存在的平靜力量提升到我們此時此刻的人生層次。

自我暗示能讓我們自我成長

自我暗示療法能為我們的未來開啟怎樣的前景？

◉自我暗示療法讓我們了解，人生重擔起碼有一大部分是我們自己製造的。我們將心智的思維重現在自己和周圍環境上。

◉不僅如此，自我暗示也提供我們改變有害思維、助長有益思維的方法，進而為個人生命帶來相應的進步。

這段過程並不僅止於個人。社會的思維會落實在社會情境中，人類的思維則會落實在世界情境中。

一個世代如果從嬰兒時期就懂得施行自我暗示，那他們對我們的社會與國際問題會採取什麼態度？如果恐懼與疾病已經從個人生命中驅離，還會存在國家的生命中嗎？如果每個人都能發自內心地快樂，還會有虛妄的貪婪與占有嗎？自我暗示的接納伴隨著態度的轉變、對人生的重新評價。如果我們站著看向西方，只會見到烏雲與陰暗；但我們只要一轉頭，就能將整個日出的全景納入眼裡。

毋庸置疑，庫埃的發現能為我們的教育方法帶來深遠的影響。到目前為止，我們都是直接面對意識，將資訊餵給意識，並接合到有用的成就上，而性格的培養都是附帶而次要的。只要我們仍然不去探究無意識，這種結果將是難免的結局；但如今我們擁有能達到意識更深處的方法，不僅能教導孩子閱讀與算術，還能賦予他們健康、個性與人格。

但或許治療罪犯是我們所能期待的最大革命。他們受監禁的犯行不過是無意識中的思維，千絲萬縷、如亂麻般糾纏的結果。這是著名權威的觀點。但自我暗示能帶我們向前一步，顯示要如何解決這種性格的不協調。既然庫埃已經成功恢復了一名年輕人的道德健康，消弭了他的殺人傾向，同樣的方法用在被棄置於監獄的人身上，為什麼不可能成功呢？至少年輕一點的不良少年應該很容易受暗示療法影響。

不過，這種態度底下的概念，需要我們的刑罰程序進行一番革命，意義不外是如此：犯罪是一種疾病，應該給予治療，因此，刑罰的概念必須讓位給治療，復仇的態度應該讓位給憐憫。這讓我們比較接近聖經《新約》的理想，其實也是自我暗示的理想——這股帶人向善的力量，註定緊貼著宗教的傳遞。

自我暗示療法教導我們的，是諸聖先賢在各時代所宣揚的內在生命教義，主張我們的內心蘊含著平靜、力量與勇氣的泉源，人一旦能支配這個內在領域，就能安然面對一切降臨在身上的事。這個真理在偉人身上很明顯。殉道者在火灶上還能歌唱，是因為他們的目光已經轉向充滿於內心的榮耀景象。豐功偉業是不屈不撓的人所締造的，他們追循內在聲音的指引，即使牴觸外界的多數聲音也不放棄[13]。

假設我們發現，基督給予信徒們施展治療神蹟的力量，不是只有少數特選人士才有的天賦，而是所有人與生俱來的能力；假設上帝所提到的內在天國，只要滌淨與提升我們的共同生命，獲得更健康的身體與更恬靜的心靈，就能輕易抵達……那麼，庫埃的公式所提出的保證，不正是一種祈禱文嗎？它訴諸的不也正是超越自我生命的存在、或我們身後無限的力量嗎？

自我暗示不能取代宗教，而是能為宗教的武備增添威力的新武器。如果只當成一種科學技術來用，這種療法就能帶來不凡的成果，那表現出宗教所隱含的那種對完美的高度渴求時，不就更所向披靡嗎？

13 參見《基督教與自我暗示》。

附錄

認識心理暗示之父——愛彌爾．庫埃

愛彌爾．庫埃於一八五七年二月二十六日生於法國特魯瓦（Troyes），一九二六年七月二日在法國南錫去世。他是法國的心理學家和化學家，也是一位教育學者和醫生。基於自我暗示或自我催眠理論，他致力於自我的提升與身心靈的修復療癒，是歐洲心理暗示研究的集大成者，創立了羅倫應用心理學院、庫埃心理暗示實踐學會、南錫催眠學院，被人們尊為「心理暗示之父」。他所提出的心理暗示及自我暗示方法，在二十世紀二〇年代的英國和美國廣為流行。

庫埃在十五歲時進入中學讀書，十九歲時成了一家藥店的學徒，之後到巴黎學習藥理學專業，於一八八二年回到家鄉成為一名藥劑師，並在業餘時研究心理學。一八八五年，他跟隨昂布魯瓦-奧古斯特．李厄保（Ambroise-

Auguste Liébeault）和希波萊特．伯恩海姆（Hippolyte Bernheim）學習催眠術，經不斷實踐並研究暗示與自我暗示後，形成了自成一套的暗示與自我暗示法，稱「新南錫學派」（為了與其老師的「舊南錫學派」做區分）。

一九一〇年，他在法國南錫開辦了治療診所，開始進行大膽的試驗，在患者清醒的狀態下透過自我暗示治療疾病，並獲得成功。後來庫埃將這方法應用在其他病人身上，成功治癒了數以萬計的患者，締造「南錫奇蹟」。

一九一三年，庫埃與妻子創辦洛林應用心理學協會。

之後，他的書《暗示療法的奇蹟》一九二〇年於英國出版（美國版則是一九二三年）。此後，庫埃的自我暗示法在歐美受到熱烈的歡迎與推崇。

從蒸餾水到「治療的思想」

不同於一般的觀念，愛彌爾．庫埃的自我暗示法是透過內心強大的心理暗示來解決現實中的問題和麻煩，是一種不依賴外力、外物的自我「修復」方式。此方法的啟蒙，在於一次治療一名患者時，庫埃發現手頭已經沒有藥了，便拿了一瓶蒸餾水給那名患者，並表示只要喝下這瓶「藥水」，他的病就能痊癒。後來，這名患者果真恢復了健康。之後，庫埃又用麵團做藥片，也治好了很多病症，他因此而意識到自我暗示的力量。

庫埃並未反對藥物的效果，但他也認為，人們的精神狀態能影響、甚至擴大藥物的作用。透過使用自我暗示，他觀察到，病人可以產生一種新的「治療的思想」，來代替「疾病的思想」，進而更有效地治癒自己。據此，他用整個後半生來研究自我暗示，並強調：如果你真的相信自己能好轉，則好轉的機會就會加大。

庫埃認為，重複的文字或圖像若能達到一定時間，便足以吸收人們的無意識。而人們便可以透過這種自我的心理暗示來治療疾病，這個方法便是運用想像或「積極自我暗示」，以自己力量所達到的結果。

庫埃的自我暗示方法其實就是一種依賴的原則，也就是當任何想法完全占據心靈時，它就會變成具體可行的事實。不過，這個「想法」必須是可能做到的程度，例如：沒有雙手的人並無法使雙手重新長出來；然而，如果一個人堅信他的病痛正在消失，只要使身體能夠在物理上克服或控制病情，那麼在實際上是有可能發生的。另一方面，人一旦產生對病情有不好的思維（如我身體不舒服），就會鼓勵身心接受這樣的想法；同樣的，當有人不記得對方的名字時，他們心中可能就是守著一個想法：我不記得了。

庫埃因此明白，只要能更專注於想像和期望（即「我覺得健康和充滿活力」和「我能清楚地記得」），便能獲得積極的成果。

意志力是自我暗示的障礙

庫埃觀察到，自我暗示的主要障礙來自於意志力。在庫埃療法的運作原則中，患者必須做獨立的判斷，這表示他必須避免讓意志強加主張自己的看法。一切都必須這樣做，才能確保自我暗示的想法能被患者自覺性地接受；否則，最終可能得到與期望相反的結果。

比方說，當學生在考試中忘了一道題目的答案時，心裡若覺得「我已經忘記答案了」，那麼他越是試圖要想起來，答案就會越來越模糊。相反的，只要將這種消極思想換成積極的「不用擔心，它會回到我身邊」，記起答案的機會就會增加。

自我矛盾導致問題加劇

當一位患者的意志力和想像力（或精神上的想法）彼此相對立時，他的疾病問題就有可能加劇，庫埃將之稱為「自我矛盾」，以前述學生考試的例子來說，他的意志明顯與他的期盼不符，以致他無法記起答案。

隨著衝突的加劇，問題將更加無解：病人越是試圖入睡，卻變得越來越清醒；患者嘗試戒菸，卻反而越抽越多。因此，患者必須放棄他的意志力，而應把更多的精力放在想像力上，他才有成功治癒的機會。

◉每個想法，在我們心中都是有可能實現的。因此，治癒的想法可以產生療癒效果。

◉我們的無意識或是想像力，是我們自我的隱藏部分，決定著我們的身體和精神狀態。它實際上比我們的自覺與自願更強大，它完全包圍、主導著我們的身體和我們道德生命的全部功能。因此，只要想像力和意志發生衝突，想像力始終是最後的獲勝者。

◉想像會需要協同工作：當意志與想像一致時，他們的力量是相乘的。

◉想像力可以透過有條不紊的自我暗示方式來進行。

New Life

16

New Life
16

New Life

16

New Life
16